好好接話

會說話是優勢，會接話才是本事

林思誠 編著

好好接話

會說話是優勢，會接話才是本事

作者　林思誠
內文構成　賴姵伶
封面設計　張天薪
責任編輯　曾婉瑜
行銷企畫　劉妍伶

發行人　王榮文
出版發行　遠流出版事業股份有限公司
地址　104005 臺北市中山區中山北路 1 段 11 號 13 樓
電話　02-2571-0297
傳真　02-2571-0197
郵撥　0189456-1
著作權顧問　蕭雄淋律師

2025 年 6 月 30 日　初版一刷
定價　平裝新台幣 320 元（如有缺頁或破損，請寄回更換）

ISBN：978-626-418-192-1
遠流博識網　http://www.ylib.com
E-mail: ylib@ylib.com

國家圖書館出版品預行編目 (CIP) 資料

好好接話：會說話是優勢，會接話才是本事 / 林思誠著 . -- 初版 . -- 臺北市：遠流出版事業股份有限公司，2025.06
　面；　公分
ISBN 978-626-418-192-1(平裝)
1.CST: 社交技巧 2.CST: 溝通技巧 3.CST: 說話藝術
177.1　　114005495

前言

與人聊天時，有的人會被稱讚說——「你真會聊天」，也有人會被說是——「你真是句點王」。會接話的人，能讓兩方越聊越開心；不會接話的人，一聊就成了「話不投機三句多」。

聊天中的「接話」堪稱是一門學問，要根據不同的心情、不同的地點、不同的對象，來選擇不同的話題和語氣。當對方看上去一副烏雲密佈的時候，我們就不要在他面前表現得太歡悅；當對方看上去心情不錯的時候，就不要選擇一些比較抑鬱的話題。

當我們和一個萍水相逢的人聊天時，相互都不知道對方的脾氣、個性，這個時候的聊天就不要太較真。

當兩人聊起一個話題的時候，也許這個話題是自己非常熟悉的，而對方在聊天的過程中，不經意地說錯了一些地方，我們大可以放過，沒有必要非得去糾正對方的錯誤，畢竟只是聊天，又不是在學校考試，錯了就錯了，不會損失什麼，而且兩人的聊天還會在一片祥和的氛圍中進行。

可是，有些人偏偏喜歡特別認真以待，一定要去糾正對方講話內容的錯誤，這樣就會讓對方處於比較尷尬的境地，最後往往導致雙方都下不了台，場面難堪。

另一方面，我們和熟悉的人在一起聊天的時候，畢竟相互之間已經有很深層次的瞭解，該說的、不該說的話，我們肯定會加倍注意。但是再熟悉的人，都喜歡聽別人的讚揚。

在聊天的過程中，不吝惜說些讚美的話語，則會讓對方覺得我們很會聊天，更加喜歡和我們聊天。

本書選取一些生活中的對話案例，根據不同的場景，提供有效的接話模式和技巧。現在，讓我們一起練習接話、跟誰都可以聊得來吧！

目錄

Chapter 2

話題接得準，無論聊什麼都開心

Chapter 3

接話接得巧，才能讓談話更深入

Chapter 6

面對棘手的請求，如何接好拒絕的話

Chapter

7

接好上司的話，在職場才能風生水起

Chapter

8

這樣接客戶的話，沒有談不成的生意

Chapter 1

把話接好，關鍵在傾聽

學會傾聽，接話從傾聽開始

與他人對話要從傾聽對方說話開始，只有傾聽才能夠瞭解對方，接話才能接到關鍵點上。

不過真正的傾聽並非那麼容易。因為這不是技巧的問題，而是用心的問題。

你是個善於傾聽的人嗎？如果各位的行為中出現以下七種情況的一種或一種以上，就請要注意提高自己的傾聽技巧了。

(1)和別人溝通時，打斷對方講話，好換自己講個人的故事，或者提出意見。

(2)和別人溝通時，沒有和對方進行眼神接觸。
(3)和別人溝通時，任意中止對方的思路，或者問太多的細節問題。
(4)和別人溝通時，催促對方。
(5)和別人溝通時，還一邊接打電話、寫字、發電子郵件，或把注意力轉移到其他事情上。
(6)和別人溝通時，容易忘記對方在講什麼。
(7)和別人溝通時，特意等到對方講完，只為方便自己對對方所講的內容「蓋棺論定」。

傾聽是一種藝術，也是一種技巧。傾聽是一種修養，更是一門學問。要想把對方說的話接好，就要先學會傾聽，善於傾聽是幫助我們邁向成功的捷徑。

最有價值的人，不是那些能言善道的人，而是那些最善於傾聽的人。用心傾聽他人在講什麼，就是對對方最好的關懷和體貼。人很難去改變別人的想法，但是能夠贏得對方的心。

懂得傾聽，有時比「會說話」更重要。

傾聽具有一種神奇的力量，它可以讓人獲得智慧和尊重，贏得真情和信任。

傾聽需要專心和耐心，每個人都可以透過練習來發展這項能力。傾聽是瞭解別人的重要途徑，為了獲得良好的效果，我們需要瞭解該如何真正去傾聽對方的心聲。

關於如何真正去傾聽他人，有以下三大要點：

傾聽自己——學會發現：清空所有的先入之見，傾聽自己內心的聲音，發現新的自我。

傾聽你我——發掘共鳴：發現我中有你，你中有我，就能聽到真實的聲音。

傾聽眾人——共存之道：傾聽對方的意見是共存共榮的途徑。

以下是實踐傾聽的五大行為準則：

(1) **準備共鳴**：準備與人對話時，首先要放下所有的主觀意識和偏見。

(2) **肯定對方**：集中注意力觀察對方的一言一行，肯定對方存在的重要性。

(3) **節制說話**：要先去瞭解，再被理解。懂得節制說話，才能學會傾聽。

(4) **保持謙虛的態度**：即使對方的想法與自己相悖，仍然要謙虛地去感受對方的情感。

(5) **全身回應**：傾聽時一定要用全身來展現自己在注意傾聽的自然狀態。

實際上，有效的傾聽是可以透過學習來獲得的技巧。認識自己的傾聽行為，有助於我們成為一名有效率的傾聽者。

按照影響傾聽效率的行為特徵，傾聽可以分為四個層次。當一個人從第一層次的傾聽者，逐漸成為第四層次的傾聽者時，這個過程就是其傾聽能力、交流效率不斷提高的過程。

以下是傾聽的四個層次：

第一層次——心不在焉地聽

傾聽者心不在焉，幾乎沒有注意說話者在說什麼，心裡考慮的是其他毫無關聯的事情，或內心只是一味地想著辯駁。這種傾聽者感興趣的不是聽，而是說，他們正迫不及待地想要說話。這種層次上的傾聽往往導致人際關係不佳，是一種很不好的傾聽方式。

第二層次——被動消極地聽

傾聽者被動消極地聽講話者所說的字詞和內容，常常錯過了講話者透過表情、眼神等肢體語言所表達的意思。這種層次上的傾聽常常導致誤解，失去真正交流的機會。

另外，傾聽者經常透過點頭示意來表示正在傾聽，若只是裝個樣子，講話者會誤以為自己所說的話被傾聽者完全聽懂了。

第三層次——主動積極地聽

傾聽者主動積極地聽對方說話，能夠專心地注意對方，並且聆聽對方的話語內容。這種層次的傾聽常常能夠激發對方的注意，但是很難引起對方的共鳴。

第四層次——富有同理心地聽

富有同理心、積極主動地傾聽，不是一般的「聽」，而是用心去「聽」，這是一個優秀傾聽者的典型特徵。

這種傾聽者在講話者的資訊中尋找自己感興趣的部分，他們認為這是獲取有用資訊的契機。這種傾聽者不急於做出判斷，而是感同身受對方的情感。

他們能夠設身處地看待事物，總結已經傳遞的資訊，質疑或是權衡所聽到的話，有意識地注意非語言的線索，詢問而不是辯解、質疑講話者。他們的宗旨是帶著理解和尊重去積極、主動地傾聽。這種注入感情的傾聽方式，對於建立良好的人際關係是極其重要的。

事實上，大概百分之五十的人只能做到第一層次的傾聽，百分之三十的人能夠做到第二層次的傾聽，百分之十五的人能夠做到第三層次的傾聽，第四層次的傾聽只有至多百分之五的人能做到。

我們每個人都應該重視傾聽，提高自身的傾聽技巧，學會做一個優秀的傾聽者。要成為優秀的傾聽者，應該透過對朋友或者同事所說的內容表示感興趣，創建一種積極、雙贏的談話過程。

傾聽不是被動地接受，而是一種主動行為。當我們感覺到對方正在不著邊際地說話時，可以用機智的提問來把話題引回到主題上來。

傾聽者不是機械地「豎起耳朵」，在聽的過程中頭腦也要思考，不但要跟上傾訴者所講的故事、思考的內容，還要跟得上對方的情緒，在適當的時機提問、解釋，使得會談能夠步步深入。

傾聽，是每一個渴望成功的人必須掌握的技能。從小事做起、注意細節，才會成功。無論是職場人士，還是剛剛出社會的大學生，都要注重傾聽技巧的培養，這樣能使得自己在工作上更遊刃有餘，收穫更多寶貴的經驗，從而更加穩妥順遂。

接話從傾聽開始

做一個好的傾聽者，你就能成為一個受到大家歡迎的人，為自己贏得好人緣。
合時合宜的回應對方，不僅代表你對說話者觀點的贊同，而且暗含著對對方的鼓勵之意。
您說得真對，非常正確。
善於傾聽，可以從對方的話語中收集到有用的訊息。
最近電子器件非常缺貨啊。
這個訊息很有用，馬上回公司備貨。

傾聽是突破交際障礙的第一步

安妮在一家速食連鎖店做收銀員，每天晚上到了下班時間，孤獨就會爬上安妮的心頭。她總是一個人孤單地吃完晚餐，然後就隨手拿起手機來打發時間。

紐約這麼大的都市，擁有數百萬人口，每天人來人往，有歡笑、也有驚奇，卻沒有任何一個人注意到你的存在，這世界還有比這更悽慘的嗎？安妮一想到這般的冷清，就像一隻受驚的小兔子，蜷縮在自己的小天地中。

這種日子已經過了幾個月。她不知道該如何是好，她不知道怎樣才能交到朋友，尤其是知心的男友。難道大學畢業之後，面對的就是這種生活嗎？

這還不是最難過的，反正她可以藉著閱讀各種網路小說，與書中主角一起歡笑悲傷，讓時間慢慢流逝。但是到了深夜，一個人躺在床上，這才是最難熬的時光，她不知道，是否大家都會覺得很孤寂。

有一天安妮接到通知，要去見公司人事部主管琳達女士。她不知道自己為什麼要來這兒見人事主管，也不知道自己怎樣才能對著琳達侃侃談出自己的情況，因為她一向不善於表達自己，以往這種情形總是令她手足無措得說不出話來。

人事主管琳達是個善解人意的人，她語重心長地對安妮說：

「只要你願意，我可以幫你渡過難關，並且交到朋友，不過首先，你必須拋開那些網路小說，利用晚上的時間去上些課程，不要再讀那些虛幻不真實的小說來自欺欺人。還有，你在公司很有發展潛力，我希望你努力工作，有一天能升到廣告部門的執行組，也正因為如此，你更需要多學一些繪圖及色彩方面的技巧。最重要的是，你不要再整個晚上窩在家裡了。」

安妮還記得琳達說過，年輕人只要肯出去參加活動，很容易交到朋友。要有所改變，才能達到自己想要的目標。同時要注意看別人做什麼，聽別人說什麼，讓自己成為一個好同伴；不要輕信別人的讒言；當別人示好時，自己也要給予別人一些回饋，世上不會有人白白對自己好。

不久之後，安妮的生活真的變得多姿多彩，她已經克服了困難。她真沒想到只是學著多聽別人講話，就贏得了那麼多的友誼。

她想起這正如琳達女士曾經告訴她的：「大多數的人自我意識都很強，都希望有表達自我的機會，所以你根本不必擔心該說什麼，只需要靜靜地、專心地聽對方說，這就夠了。」

原來，想要擁有良好的人際關係這麼簡單，以往安妮把自己關在小天地中，拒絕和別人溝通，現在，情況完全不同了。

學會傾聽是突破交往障礙的一種有效行動。當我們走出自己的小天地，試著站在別人的立場上，做一個好的聽眾，就能夠有機會成為一個受歡迎的人，為自己贏得眾多的朋友。

傾聽的價值更在於獲取有用資訊

雖然能言善道的人往往很受大家歡迎，不過，善於傾聽的人才真正深得人心。

話多難免有言過其實之嫌，或者被人形容為誇誇其談。靜心傾聽就沒有這些弊病，倒有兼聽則明的好處。用心聽，給人的印象是謙虛好學，是專心穩重、誠實可靠。所以，有時候用雙耳聽，比用嘴說更能贏得他人的認可和讚譽。

而傾聽，不僅要傾聽別人的聲音，更多的時候是能聽出說話者語言中的資訊，這也是傾聽真正的價值所在。

在我們與他人交談時，必須從傾聽中徹底明白對方想表達的意思，因為只有這樣，彼此之間的交流才能順利進行。

如果我們不會傾聽，誤解了說話者想要表達的意思，不但會造成自己和他人之間溝通不順暢，還有可能會讓人覺得我們不尊重對方，從而有損自己和他人的正常人際關係。

在工作上會受到主管青睞的下屬多半是懂得傾聽的人，他們能在傾聽中獲取有價值的資訊。一般來說，下屬與主管進行溝通，都需要從主管那裡獲取更多的資訊，接下來說明自己會加強與主管的交流和聯繫，把工作做得更完善。

李明剛換了新的工作，今天第一天上班就在經理的口沫橫飛中遊了一遍歐洲。

「小李，你出國旅遊過嗎？」

「還沒機會呢！」李明從這句話中聽出了其他的資訊，知道經理話中有話，於是把握時機地說道，「經理，您一定到過很多地方吧？」

「很多談不上。不過這些年因為出差的需要，我倒是去了歐洲的幾個國家，英國、瑞士、比利時……」

經理發覺李明是個善於傾聽的人，以後經常找李明聊天，李明也漸漸得到了經理的重用。

李明從經理說「你出國旅遊過嗎」聽出了經理「去過很多地方」的資訊，進而抓住一點資訊引出了許多的話題，受到了經理的賞識，進一步說明了傾聽的價值也在於獲取資訊。

會說話的人都會傾聽。傾聽的價值在於收穫資訊，只有認識到這一點，才能在傾聽他人說話的時候做到認真聽，並透過聽到的資訊判斷他人的心理活動，從而為自己說話能夠有的放矢打好基礎。

經過四年之久的楚漢之爭，劉邦消滅了項羽，平定了天下，應該論功行賞。在這個時候群臣彼此爭功，吵了一年都無法確定。劉邦認為蕭何功勞最大，就封蕭何為侯，他的封地也最多。但是群臣心中不服，議論紛紛。

在封賞勉強確定之後，對席位的高低先後又起了爭議。大家都說平陽侯曹參身受創傷七十餘處，而且攻城掠地，功勞最大，應當排他第一。

劉邦因為在封賞的時候已經委屈了一些功臣，厚封了蕭何，所以在席位上難以再堅持，但心中還是想將蕭何排在首位。

這時候，關內侯鄂君已經揣摩出劉邦的意圖，就挺身上前說道：

「群臣的決議都錯了！曹參雖然有攻城掠地的功勞，但這只是一時之功。皇上與楚霸王對抗數年，常常丟失部隊四處逃跑。而蕭何卻源源不斷地從關中派兵員填補戰線上的漏洞。楚、漢在滎陽對抗了好幾年，軍中缺糧，都靠蕭何轉運糧食補給關中，糧餉才不至於匱乏。再說皇上有好幾次逃到山東，都是靠蕭何保全關中，才能接濟皇上，這才是萬世之功。如今即使少了一百個曹參，對漢朝有什麼影響？我們漢朝也不必靠他來保全！為什麼你們認為一時之功高過萬世之功呢？我主張蕭何第一，曹參其次。」

劉邦聽了，當然說「好」，於是下令蕭何排在第一，可以帶劍入殿，上朝時也不必急行。

關內侯鄂君是怎麼揣摩出劉邦的意圖的呢？

原來劉邦沒什麼文化，在分封諸侯的時候，將一些從前跟著他出生入死、身經百戰的功臣比喻為「功狗」，而將發號施令、籌謀劃策的蕭何比喻為「功人」，所以蕭何的封賞最多。

上面的案例中，鄂君從劉邦的話語中獲取了「劉邦對蕭何寵信」的資訊，於是順水推舟，特別挑對蕭何好的話講，劉邦自然高興。鄂君也因此多了一些封地，被改封為「安平侯」。

傾聽和聽見並不是一回事。聽見只是傾聽的第一步，因為聽見只是我們的聽覺系統接收到了聲音。

就像很多人都能聽見他人說話時的聲音，但他們卻沒有真正「傾聽」，也就是聽到並理解。

例如，當下屬在工作的時候，周圍會有各種聲音，他的聽覺系統會接收到聲音，但他未必會注意到這些。有時下屬聽到聲音，並且看起來是在傾聽主管說的話，而實際上他們只是對自己內心的聲音感興趣，這種現象就是「假聽」。

事實上很多人在聽他人說話時，都不太能夠做到用心理解自己耳朵聽到的聲音。

有的人認為注意聲音自然就會理解對方所講的內容。不過，請試著想想，當我們在聽到電影中的外語對話時，就會明白，聽到並不意味著理解。你可以關注所有的聲音，但並不一定理解。「理解」就是將聲音重組為有意義的模式或形式。

只有多聽別人說，才能瞭解到對方更多的訊息。

善於傾聽，從他人的話中收集到有用的資訊，然後為自己和他人的溝通找到共同的話題，在此基礎上打開對方的話匣子，讓他人樂於與我們交流。藉此機會，我們還可能從中獲得有價值的資訊，運用在工作上，讓自己的工作進展順利。

耐心去聽，讓溝通更順暢

對話需要在兩個人之間進行，因此每個人有兩個義務：說話和傾聽。當我們在「說」話的時候，對方要「聽」，我們也要「聽」對方「說」。聽、說是互相促進的，才能組成整個對話。

在某種程度上，把「說」和「聽」加以比較的話，在維持對話方面，「聽」更有意義。

因為「聽」能夠更瞭解對方，也能夠知道對方的目的和想法，我們才知道要說什麼、怎麼說等等。

但是，許多人總是缺乏耐心去「聽」別人說的話。他們不在乎別人說的話，甚至會著急地中斷別人的話；或者聽的時候心不在焉；更有甚者只聽一部分，故意誤解別人的話；也有的人自己說自己的……

試想，如果在和別人聊天，別人卻扭頭不聽我們說話，一副漫不經心、毫不在意的表情，那我們還會有多少談話的興致呢？「他這種表情，似乎不願意搭理我，算了，不說了！」

當然可能對方有時候也會附和幾句話，像是「是嗎」、「噢」、「呵呵」、「可以啊」等，但你能從對方的神色中知道他的內心彷彿在講：「別說了，我根本沒在聽。」於是，良好的氣氛就被破壞了，一場本該有意思的談話也就終止了。

各位應該曾遇到過以下這種情況：你的聽眾很認真地聽你說話，你的心境就完全不同了，你會有很大的興致繼續這個話題，而且心裡會覺得：「噢！看看，這人聽得很認真啊，好像很喜歡我說的內容。」

更何況，當你看到對方聽的時候還肯定地點頭，同時贊許地發出「嗯、嗯」的聲音，那你的興趣肯定會大增，你對自己的信心也會大大增加，話題也會越來越展開，頭緒也會逐漸清晰起來。或許，這場談話才會變得有意義。

顯然，有這樣的結果，是因為受到善於傾聽的人的無形鼓勵。如果我們想建立一個廣泛的交際網，那麼真誠謙遜地成為別人的聽眾、展現出興趣，會大大地幫助我們。

當然，最重要的是仔細傾聽。仔細地聽對方說了什麼，也是相互尊重的基礎，在此前提下才能繼續交流。

接下來，友好地給予對方一定的鼓勵，也是尊重對方的表現。

在對方說話時，如果對方說的話你能夠耐心地聽完，就是在告訴對方你很有興趣，彷彿在跟他說「你說的內容對我來說是有一定的價值」，或者「你是值得交的朋友」。無形中，對方的自尊心也得到了滿足，他也從中體會到了自己的價值。

再進一步，聽話的那一方對你的好感就會大大提升——「他理解」、「終於有人願意傾聽我說的話了」——於是，彼此就不再陌生了，終於成為要好的朋友。

如何傾聽、並且在往來的時候展現出來？

想當一個善於傾聽的人，就要養成認真「聽」話的好習慣，我們都需要注意基本的禮貌素養。

要學會傾聽，不僅僅要有熱情，還得有傾聽的方法，如果想要把這個傾聽的技巧發揮到極致，就需要在平時多加練習。

聽的時候要專心，用眼神進行交流，對對方的話有所反應，根據當時的客觀環境採用相應的表情姿勢。

不要東瞟西看，也不能一副厭煩的樣子，更不要邊聽他人講話邊做別的事。別人在說話時，切忌隨便打斷，也別接過話來就妄下結論。

如果沒有聽明白、需要打斷別人的話，一定要有禮貌地進行詢問。

做個好聽眾，適時發表個人意見

在談話時，有的人總喜歡一直重複講相同的事情，有的人喜歡把一些老笑話當新的笑料講。

這個時候要能夠耐得住性子。表面上要顯得有耐心，可以在心裡告訴自己，對方或許記憶力不夠好，應該給予同情。

如果對方十分有誠意，你也要真誠地和他交流。但是，假如對方的話題你不感興趣，那就需要採取其他方法不讓對方繼續講下去，最好的方法就是悄悄地轉變談話的內容。

交流時，人們最討厭不真誠的人，而人們又喜歡互相恭維。

交流時，人們最不喜歡自以為是的人，總有人覺得其他人都羡慕崇拜自己，結果反而受到他人的鄙夷。

人們最不喜歡和毫無反應的人交談，要對別人說的話有所反應。不時地點頭贊許；時不時贊同別人的看法和意見；偶爾提出自己的意見；假如對方說的話都很精闢，大可真誠地加以讚賞。

而我們不僅要學會做一個好聽眾，也應該適當陳述自己的觀點。儘量不說與其無關的話，更加不能三心二意、顧左右而言他，也別做看手機、換姿勢、玩手機等令人厭煩的動作。

在一些正式的交際場合，請不要問男士關於錢的問題，對女士不要詢問年齡。不要直接問他人的工作、背景、家庭等個人隱私問題。和女士交談的時候切忌說到身高、體形等，不要追問對方迴避的問題，更不要打破砂鍋問到底。

如果不小心涉及別人的敏感問題，要適時表達歉意，或馬上換一個話題。

在和他人的交流中要忽視自己，別一直說自己的生活、家庭和工作。

要留給對方充分的時間表達，讓對方說他們自己的事情，用真誠的態度去聆聽他們，對方也會高興，對你的印象也會比較好。

要時刻注意自己的用詞，不可刻薄。

言語刻薄的人知道自己說的話很傷人，反而以此為樂，這是一種病態心理。之所以這麼做，也有其原因，這類型的人是被環境誘導誤入歧途的，原因可能有以下三點：

第一，這樣的人一般都比較聰明，並有點自負，但人們又不認同他的聰明，讓他覺得懷才不遇。

第二，這樣的人自尊心十分強，希望得到他人的尊重，然而事實卻相反，所以比較容易敵視別人。

第三，心裡有所仇視，一直找不到發洩的出口，又無法提高自身的修養，也就只能肆意發洩。因為容易受到刺激，凡是和他有所接觸的人都會成為他發洩的對象。

他覺得別人都很可惡，不管是否有過節，都會伺機等待、突施暗箭。這樣的人很容易失敗，不容易成功。家庭內部，就連自己的家人也難以忍受他的這種行為；交際圈裡，別人也會跟他硬碰硬，最後成為大家的共同敵人。因此，言語太過刻薄會傷及他人，最後還是害了自己。

如果不愛聽他人說的，大可不聽不聞；如果看不順眼他人的行為，大可眼不見心不煩，不要錙銖必較，切忌伺機報復。否則，在使對方感到難堪的同時，也讓人覺得你沒有氣度。

Chapter 2

話題接得準，無論聊什麼都開心

把話接好，平淡的話題也能盡興

關於話題，可能有人認為只有那些令人興奮刺激的話題才值得一談，所以便苦苦地搜尋一些奇聞、驚心動魄的事情，或是令人難以忘卻的經歷、以及不尋常的事情。其實，這種想法有偏差，因為若是話接好了，那些看似平淡如常的話語也會讓人產生親切感。

一位年輕的小姐走進一家珠寶店，在櫃檯前端詳了許久。店員禮貌地問了一句：「小姐，請問需要幫您介紹嗎？」

小姐不冷不熱地回答說：「隨便看看。」從她的言語中，店員敏銳地察覺到這是位性格獨特的女孩。此時，店員如果不能找到令顧客滿意的話題，那麼，這筆生意很可能泡湯，業績就從自己手邊溜走了。

這時，店員開始不斷打量這位年輕的小姐，她從對方的穿著打扮上判斷，這位小姐是個很講究的人。於是，店員讚美道：「您的這件上衣很漂亮！一定不便宜吧？」小姐的視線從陳列品上移開了，說：「當然了，這種上衣的款式比較特別，我非常喜歡。」店員又接著說：「這麼有品位的衣服，肯定出自名家之手吧？」小姐驕傲地說：「那當然了。」「小姐您本來就天生麗質，再穿上這件衣服，更顯得光彩照人了。」店員面帶微笑地說。

「您過獎了。」小姐有些不好意思地說。

店員見此情景，又補充道：「不過，這似乎還有些美中不足，如果您能再搭上一條項鍊，就更好了，它能將您襯托得更加完美。」

小姐客氣地說：「是呀，我也是這麼想的，只是項鍊也價格不菲，我有些擔心自己選得不合適……」

店員又說：「小姐如果信得過我，就讓我提供您一些建議吧……」

最後，這筆生意順利地做成了，小姐滿意地買走了適合自己的項鍊，而店員也得到了自己的業績。

有人認為，這種交談方式是做生意的一種手段。其實，尋找安全性話題的談話方式完全可以運用到各種人際往來的場合中。

與人交談時，有人感到非常拘束，羞於啟齒；有人覺得找不到共同話題，沒有共同語言，無法交談；有人倍感尷尬窘迫，欲言又止，或語無倫次；有人說話生硬，讓人誤解……產生這些現象的根本原因在於沒有找到安全性話題。

那麼，究竟什麼樣的話題才算得上是安全性話題呢？如何才能找到安全性話題呢？以下幾點可供參考：

1 講話要因人而異

有些話題雖然一般人聽起來會覺得很有趣，而且在談話中非常受人歡迎，無論是聽的人、還是講的人，都能有種滿足感。但這類話題畢竟不多，有些諸如家喻戶曉的新聞，根本不用等我們來講，別人就早已聽過了。

或者，我們在某個場合講了一個故事，很受大家的歡迎，而這個故事在另外一些人的面前並不見得合適。所以，如果一味地認為只有那些不平凡的事情才值得交談，那就會常常覺得無話可談了。

2 要尋找大家熟知的話題

尋找談話的內容也是一個非常關鍵的環節。

有些人喜歡與別人談一些與哲學相關的話題，但由於大多數人對這樣的話題不感興趣，所以若以這樣一個話題開場，即便準備得再充分，在一般場合下也會變得無話可談。

但如果在日常生活中多加留意的話，那麼很多題材都可以成為很好的談話素材。例如，可以談論棒球、籃球和羽毛球的賽事；或是談談人生、愛情、同理心、責任感、真理、榮譽；也可以講一些美食、天氣之類的；還可以談談某個人的見解，順便陳述一下自己的觀點等。當然這是一個靈活的話題，也可以做一下調整。

如果雙方是初次見面的陌生人，不妨先從天氣、家鄉、興趣和衣著等方面入手。這些也屬於安全性話題，而且不會觸及個人隱私，以便繼續交談下去。例如：「你住哪裡？」「台中。」這樣，便可以談論當地一些私房的景點、特別有人氣的餐廳等。

如此一來，雙方的話匣子就打開了，談話氛圍也會逐漸好起來。或者，你還可以說：「今天天氣真好，如果能出去活動活動，那可真是不錯。你喜歡什麼樣的戶外運動？」對方可能會說：「我喜歡爬山……」然後，就可以循著對方的話題，繼續交談下去。順勢類推，絕對能找出源源不斷的話題，甚至會覺得意猶未盡。

3 試著探求對方的興趣愛好，尋找安全性話題

人際往來中，若想與眾人攀談，只要主動、熱情地跟他們說話、聊天，在話語中逐漸摸索、嘗試，總會找到合適的話題。

與他人往來的過程中，要想找到對方的興趣和愛好，不斷拓寬談話範圍，那麼說出來的第一句話就必須要使對方能夠充分明瞭。

例如：看到一件雕像，可以指著這件雕像說，真像某某某的作品；或是聽見鳥鳴，就說很有某位音樂家的風格。

說出這些話的時候，要確定對方在這方面不是一個外行才行，否則，不僅不能討好取悅對方，還有可能會讓人感到尷尬。

如果不知道對方的職業，就不可胡亂說話，因為可能有人剛好是在待業中，自尊心很強同時又待業中的人，是不太喜歡別人問及自己的職業是

什麼，所以像這樣的話題要儘量地迴避。

若想知道一個人的職業，可以問說：「你會去游泳嗎？」假設對方說：「沒有耶。」那你就可以問道：「整天都很忙嗎？每天會去哪兒走走比較多呢？」

這種問法，也是試探他人職業的一種方法，這樣，就可以試探出對方是否有穩定的工作。如果對方的回答是週末或每天五點後出門去逛逛，那麼，這個人肯定是有固定職業的人。反之，就不必再細問了。

一旦確定了這個人有在上班，再去問及職業，如此一來，就可以和對方談工作範圍以內的事情了。

話想接得住，就要抓住聽者的心

言語可以改變別人對我們的看法，對我們有一個全新的認識，抓住聽者的心就是最重要的手段之一。

那麼要如何才能抓住聽者的心？

1 察言觀色，瞭解對方心理

現代社會的人際往來需要建立在察言觀色的基礎上，儘管有故意迎合之嫌，但卻是人際往來中必不可少的。因為少了察言觀色，就會缺少原動力，失去有利優勢，自然不能瞭解對方心理，更談不上說出他人想聽到的話了。

例如，對一個剛剛沒有工作的人來說，最討厭聽到的就是有關工作的話題。假如忽略對方所思所想，很可能說出不得體的話，使對方對我們產生不好的觀感。

此時，最應該做的是安慰對方、用言語支持對方，讓對方重新振作起來，找尋新的機會，還可以告訴對方，現今許多收入不錯的人士也曾有艱辛的時期。這樣，雙方距離很快就會被拉近。

社交過程中，有人會感歎與人相處難於上青天。其實並非如此，只要具備察言觀色的本領，就一定能把話說得動聽，抓住聽者的心。

2 把握時機，巧妙插入話題

與人交談的過程中，盡可能不要放過結交朋友的時機，一旦發現時機，一定要努力抓住。但是，前提是要讓自己所說的話抓住別人的心。

其實，要想把握住交談的時機並非難事：在適當的時機介紹、展現自己，再以恰當的話題介入交談，讓對方充分瞭解自己，就能拉近雙方感情，還有可能在言語上引起共鳴，獲取收益。

王先生非常喜歡早上去運動，一天，他在運動的過程中，聽到了一位女性動聽的歌聲。王先生停住了腳步，靜靜欣賞品味。片刻後，他很禮貌地對這位小姐說：「你的歌聲非常優美，你的歌聲深深地吸引了我。」小姐高興地說：「謝謝，我是音樂學院的學生，已經學習音樂三年多了。」雙方經過介紹，逐漸找到了共同點，即熱愛音樂，嚮往音樂的聖殿。這樣，雙方都加深了瞭解，拉近了彼此的距離。

現實狀況中，我們會遇到形形色色的人，在往來的過程中，談話的話題一定要因人而異。對待性格比自己更內向的人，要以輕鬆活潑的話題為主，例如，住哪裡、天氣等，千萬不要跟對方談論一些哲學大道理或學術問題，這樣，會給對方造成壓力，造成繼續交談的障礙。與性格外向的人交談，最重要的是營造一種輕鬆、愉悅的交談氛圍，盡可能引起對方的談話欲望。

與人交談，無論是熟人、還是陌生人，都必須注意談話內容的選擇，儘量避免那些容易引起爭議的話題和尖酸、刻薄的詞語。

為此，當選擇某種話題時，要特別留神對方的眼神和小動作，像是察覺對方對此話題不悅，應立即轉換話題。如果自己的言語傷害到了對方，必須立刻向對方道歉，請求對方的原諒。

3 交談還要收好尾

告別語運用恰當，不但能為此次交談畫上圓滿的句號，還可以給別人留下深刻的印象，使對方產生意猶未盡的感覺，希望能再次交談。

例如可以在結束時，加入這樣的祝福話語：

「身體健康，工作順利。」

「今天真高興認識你，希望能保持聯繫。」

「有什麼能幫上忙的事情儘管開口，別客氣。」

當然，聽者聽到這類語言也會有所回應，例如：

「聽君一席話，勝讀十年書。」

「非常謝謝你寶貴的時間。」

這樣，談話雙方的情感，一定會昇華到一個新高度，為日後交往奠定基礎。

其實，要想把話題深入下去，使雙方產生共鳴，最有效的辦法就是謹遵上述幾點。此外還有：情要熱，語要妙。情熱，是指用熱情對待交談的對象，待人必須真誠；語妙，就是指用詞得當、彬彬有禮，表現出應有的風度。

切忌不顧及對方感受，自顧自地講個沒完；過分熱情也會給人傳遞錯誤的信號，使對方認為你圖謀不軌，因而提高戒備心理，這對深入話題、引起共鳴非常不利。

與人交談時，只有抓住對方的心，才能把話說得更漂亮、動聽，才能給人留下深刻印象。

請記得，一句漂亮的話，如同一顆善意的「種子」，誠摯精心照料之下，定能開花結果。

平時多積累，可以信手拈來

傅斯年說過：「一分材料出一分貨，十分材料出十分貨，沒有材料便不出貨。」接話的要點同樣如此，有多少話題就能說多少話，沒有話題就無話可說。

如果你能和任何人談上十分鐘、並使對方產生興趣，這就顯示你已經懂得了怎樣找到合適的話題了。因為我們會遇到的人可能來自各種背景，不管是工程師、法律專家，還是教師、藝術家、汽車修理工人，總之，無論哪個階層的人物，你若能和對方談上十分鐘使他感興趣的話，就很不容易。

不過，不論難易，我們都要設法突破難關。我們經常看到許多人因為對於對方的工作毫無所悉而只能沉默以對，這是很痛苦的。其實，只要肯下功夫，在日常生活、工作中多積累話題素材，這種尷尬的情形是可以避免的。

就像諸葛亮的辯才是名垂青史的，尤其是他在赤壁之戰前，舌戰群儒和智激周瑜的故事更是膾炙人口。

江東孫權治理吳國時，「內事不決問張昭，外事不決問周瑜」。是戰是和，周瑜是一個關鍵人物。面對這樣一位年輕氣盛的將領，諸葛亮背誦了曹操寫的《銅雀台賦》，借用賦中「攬二喬於東南兮，樂朝夕之與共」的句子，作為曹操想奪孫策和周瑜二人的妻子的證據，以此來激怒周瑜（「二喬」中的大喬是孫策的妻子，小喬是周瑜的妻子）。

周瑜聽罷，勃然大怒，離座指北而罵曰：「老賊欺人太甚！」

接著，周瑜明確表示了抗曹的決心：「望孔明助一臂之力，共破曹賊。」

諸葛亮就這樣圓滿完成了聯吳抗曹的使命。

在關鍵時刻，引用一賦竟能有如此巨大的作用，實在令人讚歎。這個故事生動地說明，平時積累知識，適時適地恰到好處地加以運用，對於增進言辭的雄辯性是何等重要！諸葛亮平時若從未讀過曹操的《銅雀台賦》，又怎能在與周瑜交談之時用上呢？

一九二四年五月八日，印度大詩人泰戈爾在北京度過了他六十四歲壽辰，北京學術界代表在禮堂為泰翁舉行了祝壽儀式。

梁啟超首先登上講臺，向這位高鼻深目、鬚髮皓然的老壽星致祝詞說：「泰翁要我替他取個中國名字。從前印度人稱中國為『震旦』，原不過是支那的譯音，但選用這兩個字是含有很深的象徵意味。從陰霾的狀態中必然一震，萬象復甦，剛在扶桑浴過的麗日，從地平線上湧現出來，這是何等境界。『泰戈爾』原文正合這兩種意義，把它意譯成『震旦』兩字，再好沒有了。從前自漢至晉而西來的『古德』（『古德』，就是古代有道德的高僧），都有中國姓名，大半以所來之國為姓，如安世高來自安息，便姓『安』，支婁迦讖從月支來便姓『支』，康僧會從康居來便姓『康』，而從天竺——印度來的都姓『竺』，如竺法蘭、竺佛念、竺護，都是歷史上有功於文化的人。今天我們所敬愛的天竺詩人在他所愛的震旦地方度過他六十四歲的生日，我用極誠懇、極喜悅的心情，將兩個國名聯起來，贈給他一個新名，叫『竺震旦』。」

這時，全場大鼓掌。

梁啟超接著說：「我希望我們對於他的熱愛，跟著這名字，永遠嵌在他心靈上，我希望印度人和中國人的舊愛，借『竺震旦』這個人復活起來！」

這番精彩的講話中包含著豐富的歷史文化知識。梁啟超熟悉歷史，不光熟悉古中國——震旦，也熟悉古印度——天竺，還懂得「泰戈爾」原文的含義，他所具有的外語知識、佛教知識和歷史知識都十分豐富。這些引人入勝的史實文典與為泰戈爾命名這一話題結合起來，妙趣橫生，無怪乎引起「全場大鼓掌」這樣轟動的效果。

俗話說「巧婦難為無米之炊」，沒有話題，談話就沒有焦點。光是空說話，沒有實際意思。那麼，怎樣找話題呢？為了避免在談話中沒話找話，東拉西扯，甚至出現前後矛盾等問題，那就需要談話者從具體情況出發去考量，學會察言觀色，以話試探，尋求共同點，抓住了共同點，就抓住了可談的話題。

如果是因為話不投機，出現難題，那就要求同存異，或是檢討自己的不妥之處，表示歉意。如果對方有什麼顧慮，或是沉默的原因不明，那就隨便找個話題，引起對方的興趣，說個笑話、談點趣聞都可以活躍氣氛。

從具體情況出發，可以選擇採取下面的方法：

1 你想瞭解什麼就問什麼、談什麼

與陌生人交談，一般都可以先提一些「投石」式的問題，在略有瞭解後再有目的地交談，便能談得較為自如。

例如在商業宴會上，見到陌生的鄰座，便可先「投石」詢問：「您是主人的老同學呢，還是老同事？」

無論問話的前半句對，還是後半句對，都可循著對的一方面交談下去；如果問得都不對，對方回答說是「同鄉」，那也可以談下去。假如是南投鄉親，你可和他談日月潭、巨峰葡萄、清境農場；如果是高雄鄉親，你可與他談荔枝、芭樂、蓮霧、海產等。然後開始你們的交談，也許對方將來就是你事業上的合作夥伴呢！

2 就社會熱門話題進行交談

陌生的雙方剛一接觸，純屬個人生活的事情不宜多談，但可以對時下大眾所共知的社會現象、熱門話題談談看法。如果對方對這類問題還不太清楚，你可以稍作介紹。例如，近期影響較大的社會新聞、電影、電視劇和時事話題等，都可以做為談話的題目和互動的媒介。

3 從眼前和身邊的具體景物上找話題

⑴**注意家庭狀況**。談家庭生活並不一定會不妥，家庭是社會的細胞，家庭生活的完美、和諧是每個人的理想。這類話題不必做準備，隨時都可以談論，有思考力的人可以從中發現許多人生的哲理。

⑵**觀察其所在之處的擺設裝飾**。如果是約好時間前去拜訪某位從未謀面的人，最好具備一些洞察力。

首先應當對即將拜訪的人作些瞭解，打聽一下對方的情況，例如關於對方的職業、興趣、性格之類。當你走進其辦公室或住所後，可以憑藉觀察力，看看能否找到一些瞭解對方性格的線索。如果牆上掛著的是攝影作品，可以揣測對方或許是攝影愛好者等。屋內的裝飾擺設可以表現主人的喜好，甚至有些物品會引出某段動人的故事。如果你把此當作線索，或許可以瞭解主人內在的某個面向。瞭解對方的一些個性，就有話題可講。交談前，盡可能多瞭解對方，再對所獲得的種種細微資訊進行分析研究，由小見大，見微知著，作為交談的基礎。

(3) **從雙方的工作內容尋找**。相同的職業容易引起共鳴，不同的職業更具有新奇感和吸引力。

(4) **從雙方的發展方向尋找**。人都關心自己的未來，前途與命運是永恆的話題。人生若沒有前進的方向，生活便失去了動力。這類話題最易觸動對方敏感的神經。

(5) **從彼此的經歷中尋找**。經歷是學問，親身經歷過的人和事往往會給對方留下極深的印象。這種交流最易讓人敞開心扉，最易見到真情。

(6)**關注子女教育**。孩子是父母生活的希望，孩子的教育牽動千萬家長的心。憐子、愛子、望子成龍是家長的共同心理，談及孩子，即使是性格內向的人，也會眉飛色舞、滔滔不絕。

歸納起來說，講話務必看清對象，從對方的興趣愛好、個性特點、文化水準、心情處境等入手。陌生人之間只要做到這一點，就能由細微處認識對方。

找出對方的興趣點，和話題掛上鉤

人人皆對自己的特殊經歷和自認為成功的事情懷著莫大的興趣，人們最高興的也莫過於對其他人談論這些事情。但是過分地談論這些，會使聽者失去興趣。

例如，有人做了一個十分有趣的夢，覺得是身臨其境，其樂無窮，結果逢人便說，令人不勝其煩。另外，有的人則喜歡喋喋不休地對別人說一些自己以前的經歷：上高中時怎樣，上大學時怎樣，剛上班時怎樣，後來又怎樣，等等。

但是我們若仔細去想一想，自己有興趣的事情，別人也像我們一樣有興趣嗎？那些斷續破碎、稀奇古怪的夢境，除了做夢者本人，別人聽來是非常沉悶的。如果聽者對說話者提到的那些往事、那些人、那些地方一點也不熟悉，一點也不覺有趣，無疑也不會與說話者產生共鳴。

凡此種種，不外乎顯示人們對自己所經歷的事情感興趣，而對與自己毫無關係的事情覺得索然無味。所以，我們在與他人交談時應把握聽者的這一心理。

若是可以把握住對方的這個心理，就能與對方在聊天的話題上掛上鉤，讓對方看到自己的反應。由於有了共同話題就能越聊越起勁，因此這個掛鉤最好具體一點。

小何有一次在火車上與同座年輕人閒來無事就小聊起來。當他得知對方是來自嘉義時，便讚美了嘉義人的豪爽、夠朋友，說自己有好幾位來自嘉義的朋友，人特爽快。這位年輕人聽了自然高興，自報姓名，說他姓王，並說嘉義人是很重情重義的。而小何話鋒一轉，說據他所知嘉義人也很團結，具有「硬頸」精神，甲午戰爭之時，日軍攻打嘉義二竹圍，鄉民力拒被焚村，多位義士抗日成仁。兩人聊得盡興不已，下車後還互留了聯絡方式。在這位姓王的年輕人介紹下，小何認識了很多嘉義的朋友，其中有一位就是他這次準備爭取的客戶。於是小何輕鬆地完成了推銷的生意，為公司贏得了一個大的客戶，更值得高興的是結交了許多朋友。

在與那位王先生交談時，小何先是從「嘉義人」這個話題入手，然後轉到「朋友義氣」這個兩人都感興趣的話題上，這就找到了與王先生的「具體掛鉤」，使得兩人越談越投緣。聊了一陣之後，兩人很快加深了瞭解，成為朋友，這層關係對小何完成生意提供了很大幫助。

由此可見，所謂的掛鉤就是與交談對方的共同點。而具體掛鉤就是我們能找到的與對方的共同點，而且越具體越好。

我們都知道會說話的人在講話時，一講就講到關鍵要點上，這是一種本領，**而在沒話題、雙方都尷尬的情況下，如果能找到彼此之間的一個「具體掛鉤」，就能打破僵局，使得現場氣氛活絡起來。**

小余二十多歲，是個很會說話的人，他平時最喜愛交一些志同道合的朋友，即使面對一群陌生人，他也能不費吹灰之力和別人講上話。

有一次，他和跟自己年齡相仿的一群陌生人在一起，由於大家誰也不認識誰，所以沒有一個人先說話，場面很尷尬。這時，他就打破了凍結的氣氛，他說：「聽說周杰倫又出新專輯了。裡面有一首歌曲叫《青花瓷》，歌曲還不錯！大家覺得呢？」

這時，大家就七嘴八舌地議論開了，因為小余深知，在這一群人裡面肯定有人喜歡周杰倫的，當然也有不喜歡的，但大家年齡相近，肯定都很關注演藝明星的動向……

這是為什麼呢？原來他有秘密小撇步的：小余總能根據不同的場合、不同的性格的人找到共同的話題。而在上述的例子中，他找到了一個比較熱門的人物周杰倫，這是大家都比較關注的人物，因為一說到周杰倫，誰都能說上兩句，誰要是說不上來就表示跟不上流行，所以大家都會對這方面新聞較為關注。

談論別人感興趣的話題很容易拉近人與人之間的距離。談論別人感興趣的話題對雙方都有好處，因為這樣不僅可以使別人對你產生興趣、有好感，而且可以使自己更關心別人，關心他人對自己的要求。

要想多交朋友，要想在人際上取得成功，就應該盡量少說別人不感興趣的話題。例如：兩個人剛見面時，不知道對方的性格、愛好、品味如何，往往會陷入難熬的沉默與尷尬之中。

這時我們應當主動在語言上與對方磨合，等找到了對方的「具體掛鉤」，就可以此作為共同話題，很快地拉近距離。

「物以類聚，人以群分」，每個人的社交圈實際上都是以自己為圓心，以共同點（血緣、年齡、愛好、工作、知識層次等）為半徑構成無數的同心圓。你與對方的「具體掛鉤」越多，圓與圓之間交叉的面積就越大，共同語言也越多，講話也就更容易引起對方的共鳴。

在這裡要提醒大家的是，若與對方有「具體掛鉤」，就算再細微的，也要強調。

對於雙方可能的共同點，一定要努力找出來，這樣能夠很快地消除彼此間的陌生感，產生親近的感覺，不但可以使對方感到輕鬆，同時也能引導對方說出內心真正想說的話。

透過話題導航，成為交流的舵手

生活中，當我們與他人在溝通中出現分歧時，硬碰硬是最不可取的方式。一般人總是會有這樣的想法，那就是一旦我們與對方在某件事上意見不合，那麼雙方之間就會形成對立的關係。如果想要雙方達成一致的共識，只有靠更有說服力的理由和更強的氣勢來壓制對方。

可是，如果我們真的對上司或客戶採取這種強硬的方式，後果可能就不堪設想。我們若能改變話題，從另一個角度出發，局面也許就大不相同了。

艾爾弗年事已高，公司根據有關規定，決定勸說他退休。可這位老人不太願意，他對來勸說他的布朗大發牢騷：「我年紀是大了點，但我有豐富的經驗，還有不輸給那些年輕後輩的熱情。辛苦了幾十年，就這麼退下去，我不接受！」

布朗接過他的話說：「沒錯，我們這些人，過去的確為公司付出了許多，吃過不少苦，但我們還有一個責任，就是培養自己的接班人。恕我直言吧，在我們領導下的一些人，如果至今還沒有人勝任我們的工作，那就代表我們是不稱職的；如果有人能勝任我們的工作，而且比我們做得更好，那我們還有什麼必要去爭論誰更有熱情呢？」

聽完布朗的話，艾爾弗無言以對，接受了退休的安排。

在這種情況下，最聰明的做法就是轉移焦點，改變話題，以獲得談話的主動權。

而在改變話題之前，最好先迎合一下對方的話語——就像布朗說服艾爾弗時所用的方法一樣。當談話剛一開始的時候，雙方就在艾爾弗退休的問題上產生了意見分歧，這分歧看起來似乎無法解決。

這時，布朗出招了。艾爾弗認為自己還能繼續勝任目前的工作。布朗首先認可了這一點。不過，隨後布朗的話鋒一轉，提出一個稱職的領導者必須承擔的責任。而對艾爾弗來說，要承擔這個責任，就應該選擇退休。這樣，布朗把艾爾弗和繼任者之間的對立轉化成他自己的矛盾，並最終讓艾爾弗心服口服。

這其實是一種明顯的話題轉變，但如果布朗一開始就說：「你沒能培養出有能力的下屬，還好意思說自己稱職並賴在這個位子上不走？」——恐怕艾爾弗不僅無法接受，還會被氣得暴跳如雷。

一開始先迎合對方的論點，可以逐漸將對方的注意力從雙方的分歧點上引開，從而提高雙方達成共識的機率。

其實，迎合對方立場還可以透過讓別人暢所欲言，為你提供插話的最佳時機。當你去迎合對方的立場時，你的立場就會傳遞出這樣的資訊：「是的，你說的都很好，我很感興趣，請接著往下說吧。」

每個人都有交流和傾訴的欲望，當我們表現得像一個在積極傾聽的人，就會激發對方的傾訴欲。這期間我們再順勢插話，就能在不知不覺中掌握兩方對話的方向。

另外，插話時機要注意根據實際情況來定，只是，不論在哪一種情況下，插話都應該在對方改變了說話的狀態和內容的時候進行，而不應在對方談興正濃的時候打擾。

當說話的狀態和內容改變時，對方的立場就會稍稍變弱，就像汽車過彎道時要減速，而你此時正好把握時機打方向盤；如果對方正在興頭上，氣勢正強，你卻來干擾，對方就會明顯感到壓抑，你也就別想把下面的話說完了。

除了插話的時機外，我們還要注意插話的內容要盡量顯現出中立，而不是對立。所謂的迎合，就是避開分歧、甚至不要產生分歧——即使兩方一定會產生分歧，也不要刻意說出來強調它。

另外，不要使用評論性的語言進行插話，即使我們認為自己的評論也是在迎合對方。

不過，每個人對問題的理解並不相同，所以，也許我們的「迎合」可能在對方聽起來並不是那麼合拍。因此，在獲得話題主動權之前，應該將插話時保持中立，當做是一條重要規則。

還有，以迎合對方來迴避雙方的矛盾點、並適時改變話題，使交流向有利於自己的方向發展，從而最終說服對方——這是一種複雜而又簡單的溝通方式。

要說這個方式複雜，是因為它沒有固定的標準，必須在面對不同問題和不同人進行溝通時隨機應變；要說它簡單，則是因為人的話語都存在一些共通性，當你逐漸認識到這些共通性，就會發現與他人進行話語交流是如此輕而易舉。

Chapter

3

接話接得巧，才能讓談話更深入

開口前要學會洞察全場氣氛

孔子在《論語・季氏》裡說：「言未及之而言謂之躁，言及之而不言謂之隱，未見顏色而言謂之瞽。」

這句話有三層意思：一是不該說話的時候說了，叫作急躁；二是應該說話的時候卻不說，叫作隱瞞；三是不看對方的臉色變化，貿然信口開河，叫作閉著眼睛瞎說。

這三種毛病都是缺乏瞬間讀懂全場氣氛的洞察力，沒有注意說話的策略和技巧造成的。說話是雙方的交流，不是一個人的單方面行為，它要受到各方面條件的制約，例如說話對象、周邊環境、說話時間等，所以我們說話要學會瞬間讀懂談話場合的氛圍，把握時機。

如果不顧說話對象的心態，不注意環境氣氛，不到說話的時候卻搶著說，很可能引起對方的誤解。所以，在說話之前，洞悉全場的氣氛是非常重要的。

沒有掌握說話的氛圍，不論說話的內容有多麼精彩，也不會有任何意義。

這就猶如一個有著強健的體魄、傑出技巧的棒球運動員，沒有掌握好擊球的瞬間，結果揮棒只能落空。

某學校為兩位退休教師舉行歡送會。會上，校長非常得體地讚揚了兩位資深教師的工作和為人。但是，兩相比較之下，其中那位多次獲得過「優良教師」的退休教師得到了更多的美譽。這讓另外一位同時退休的教師感到相當難過，所以在他講完感謝的話以後，又接著說：「說到優良教師，我這輩子最遺憾的是，我到現在為止一次都沒有得過……」

這時，一位平日與他不和的年輕教師突然開口說：「不，不是你不夠優秀，是因為我們不好，我們沒有提名你。」

一時間，原本會場上溫馨感動的氣氛被尷尬所取代。校長看氣氛不對，馬上接過話說：「其實，優良只是一個名義罷了，有沒有得過優良教師並不重要，沒有被選為優良教師，並不代表你不夠好，我們最重要的還是要看實際表現……」這位校長本來是想要緩和一下氣氛，結果反而使場面更糟。

其實，現場的氣氛之所以會如此尷尬，最主要的還是退休教師、年輕教師以及校長三人沒有正確洞悉說話的氛圍。首先是那位退休教師，就算自己心裡有多少遺憾，也不需要在歡送會這樣的場合講出來。而那位年輕教師，也不應該在這樣的場合一時嘴快，說那些涼薄的話。最後，那位校長在現場出現尷尬的時候，應該極力避開那個敏感話題，而不是繼續在這個話題上講個沒完。

如果在與別人說話時的氣氛好，或者當時所談論的話題大家都感興趣，那麼現場所有人的談話興致便很高，回應的速度也會很快，這樣就避免了自說自話的尷尬，無形中減少了人在發言時的恐懼感。

生活中，無論是吃飯，還是討論，大家總喜歡說：「要有氛圍！」沒錯，氛圍真的很重要，尤其在與人往來的時候，如果可以帶動起氣氛，就能大大增強你的吸引力。我們不妨來看一看下面的例子。

為了豐富學生的課餘生活，某大學特別邀請一位著名教授舉辦了一個講座，但由於臨時改變地點，時間倉促，又來不及廣發通知，結果到場的人很少。教授到了現場才發現只有十幾個人參加。

他有點兒尷尬，但不講又不行，於是他隨機應變，說：「講座的成功不在人多人少，在於能帶給大家什麼收穫。今天到場的都是精英，我因此更要講得好。」

這句話讓大家精神振奮起來，同時使氣氛活絡了起來，再加上教授講得賣力，使得講座非常成功。

人際往來就如同在舞臺上的演出，為了保證演出的成功，不僅需要很好的臺詞、演技，還需要一種看不見、摸不著、卻必不可缺少的東西——氛圍。

就像電影中要有背景音樂來渲染氣氛，在人際往來的場合也往往需要營造點氛圍，好像交際的潤滑劑，使人與人的交流往來能順利地進行下去。

有一家公司召開年終大會，董事長講話時將一個數字說錯了。

一個下屬站起來，對著臺上正講得眉飛色舞的董事長大聲糾正道：「你講錯了！那是年初的數字，現在的應該是……」結果全場譁然，把董事長羞得面紅耳赤。事後，這名員工因為一點小錯被解聘了。

當然也有人做得很好。

有一家公司新招募了一批員工，在董事長與大家的見面會上，董事長逐一點名。

「黃燁（董事長卻讀成「華」）。」

全場一片靜寂，沒有人應答。

一個員工站起來，怯生生地說：「董事長，我叫黃燁（應該讀為「葉」），不叫黃燁（華）。」人群中發出一陣低低的笑聲，董事長的臉色有些不自然。

「報告董事長，是我把字打錯了。」一個幹練的年輕人站了起來，說道。

「太馬虎了，下次要注意。」董事長揮揮手，接著念了下去。

董事長從此就對這個年輕人特別留意。

他發現這個年輕人其實是一個很有大局思維的人。團隊裡頭出了問題，他會首先站出來承擔責任。而有了什麼成績，他也不會獨攬。所以，在團隊中他的人緣非常好。

沒多久，那個年輕人因為各種優異的表現被提升為公關部經理。

從上面的例子我們可以看出，並不是因為那個年輕人站起來為董事長打了圓場而得到提升，而是因為他能夠敏銳地洞察全場的氣氛，能夠看到事情背後隱含的問題，並且及時快速地做出判斷。

他看出來，董事長讀錯字的這種情況，可能會影響到董事長身為高層領導者的威信，這對於董事長以後的管理營運工作是不利的，再往下深究，可能會影響到公司形象。

而這個時候自己站出來的話，頂多是工作上的失誤，做為一個普通員工，這樣的事情不會造成什麼太大的影響。這名員工保全的不僅僅是老闆的「面子」，更是公司的「面子」。

此外，在人際往來之中，如果把交際互動看成是會議桌，氣氛就很難營造起來，也無法讓對方投入。

想讓對方投入，要靠自己的帶動。有些生意人，他們在會議桌上非常嚴肅、非常理智，而到了社交場合，又很能放得開，飲酒、唱歌、開各式各樣的玩笑……其實，他們是在營造交際氣氛。

所以，我們要在不同的時間、地點、人物面前，說符合周圍環境氣氛的話，這就要求說話者能夠具備在說話前讀懂全場氣氛的洞察力。該說話時才說話，而且要說得體的話。

只要我們有充分的耐心，積極進行準備，等待條件成熟，就能順理成章地表達自己的觀點，這樣，不僅能令對方開心，令自己舒心，還能擁有好人緣。

以下五點可以幫助我們從容洞察說話場合的氣氛：

一、看準時機再說話，要有耐心，積極準備，時機到了，才能把該說的話說出來。

二、沉默是金，並不是指要一味地沉默不語，而是要在該說話的時候，不要故作深沉。例如，老闆遇到尷尬情況了，就需要我們站出來為老闆打圓場；同事之間有矛盾了，需要我們開口，化干戈為玉帛。

三、別人在說話的時候，不要隨意插嘴、打斷人家的話。

四、看準時機，說不同的話。這些話都要與當時的場合、時間、對象相吻合。

五、該說話的時候要說話，因為有時候機會轉瞬即逝，錯過這個說話的時機，也許以後就不會再有機會了。

用符合對方心理的語言與對方說話

從心理學角度而言，溝通的最佳效果是雙方達成共識，進而啟發對方進行心理位置互換，讓對方設身處地體驗別人的心理感受。

主動調整自己的態度和行為方式，用符合對方心理的語言，即是達到此目的的一種行之有效的方法。在人與人交流溝通的過程中，用符合對方心理的語言往往能讓溝通更加順利。

用符合對方心理的語言和對方說話，站在對方的角度謀劃和考慮，並理解對方的心理、對方的需求、對方的困難，這種接話方法容易使對方接受，能讓對方很快地與自己達成共識。

有個理髮師帶了個徒弟。徒弟學藝三個月後，這天正式上工，他為第一位客人理完髮後，客人照著鏡子說：「頭髮還是太長。」徒弟不語。

師父在一旁笑著解釋：「頭髮長，使您顯得含蓄，這叫藏而不露，很符合您的身份。」客人聽罷，就高高興興離去。

徒弟為第二位客人理完髮，顧客照照鏡子說：「頭髮剪得太短了。」徒弟無語。

師父笑著解釋：「頭髮短使您顯得精神、樸實、厚道，讓人感到親切。」客人聽了，欣喜而去。

徒弟為第三位客人理完髮，客人一邊付錢、一邊笑道：「花的時間還蠻長的。」徒弟無語。

師父笑著解釋：「為『頭頂』多花點時間很有必要，您沒聽說，進門蒼頭秀士，出門白面書生？」客人聽罷，大笑而去。

徒弟為第四位客人理完髮，客人一邊付錢、一邊笑道：「動作很俐落，二十分鐘就解決問題。」徒弟不知所措，沉默著。

師父笑著搶答：「現今，時間就是金錢，『頂上功夫』速戰速決，為您贏得了時間和金錢，您何樂而不為？」客人聽了，開心告辭。

晚上打烊，徒弟怯生生地問師父：「您為什麼處處替我說話？反過來，我沒一次做對過。」

師父寬厚地笑道：「每一件事都包含著兩重性，有對有錯，有利有弊。我之所以在客人面前鼓勵你，作用有二：對客人來說，是討人家高興，因為誰都愛聽好話；對你而言，既是鼓勵又是鞭策，因為萬事起頭難，我希望你以後把工作做得更好。」

在這故事中，儘管不同的客人對徒弟的理髮手藝多少有些微詞，但最終都是滿意而歸。這裡運用的方法就是理髮師傅對不同情況的客人、說不同的話，用巧妙的語言迎合了不同客人的心理需求，最終使每位客人都滿意而歸。

小紅與在鄉下認識的農人小劉相識結婚，還生了個女兒。後來偶然間與過去的前男友相逢，小紅想重修舊好，卻又舉棋不定，於是向奶奶尋求幫助。

「妳的事，奶奶全知道，現在妳打算怎麼辦？」

「不知道，我……我說不出來……」

奶奶說：「奶奶知道妳想什麼。人，誰沒有委屈呀。我二十四歲那年，你爺爺就犧牲了，村裡的人都勸我再找個丈夫。你曾爺爺跟我說：『女兒，日子還長著呢，往前走一步吧。』我不願給孩子找個後爸，硬是咬著牙過來了。兒子一個個長大了，從軍了，又一個個地犧牲了。可我沒在人前掉過一滴眼淚。人活著，就是為了別人，去受苦、去受難，天底下哪有那麼多幸福？要說委屈，就先委屈一下自己吧！」

「可我以後的路該怎麼走啊？」

「做人，前半夜想想自己，後半夜想想別人。妳和那個小夥子是很相配，可是就算你倆在一起了，日子過得舒心，妳就難保一早一晚地不會想到小劉他們父女？那時，妳雖吃著蜜糖，但卻忘不了人家在喝苦水。妳甜在嘴上，苦在心裡。甜的苦的一摻和，一輩子都是塊心病。我今年八十歲了，什麼苦都嘗遍了，可就是沒留下一件虧心事。俗話說，『人』字好寫，一撇一捺，真正做起來就難了！」奶奶說的話句句動人心。

「奶奶，我懂了，」小紅擦了擦眼淚，說，「我今天就回家去帶孩子，安心過日子。」

其實，道理小紅未必不知道，只不過和理智相比，感情在這一刻佔據了上風，奶奶站在為小紅將來著想的角度，設身處地地為孫女分析情況，說出了小紅心中的顧慮，自然而然讓小紅更容易接受。也就是說，正是奶奶用符合小紅心理的話勸說，才使孫女作出了正確的選擇。

談話實際上是一場「心理戰」。運用在談判上，瞭解對方的喜好和顧慮，在有利於自己利益的前提下，迎合對方的心理，這也是談判語言的技巧之一。

人的心理是複雜的，例如會怕不守信用、怕價格繼續上漲、怕品質沒有保證、怕維修困難等，瞭解這些，則能見機行事，說出符合對方心理的話，贏得對方的認同。

在某汽車製造廠召開的年度訂貨會上，汽車製造廠的業務科長向一百多位客戶代表明確地表示：「我們廠的產品品質經過評鑑為一級品，由於鋼材原材料漲價和勞工薪資上漲等因素，成本已大大高於原本銷售的價格。但是，考慮到顧客都是老客戶，我們決定，凡是在本訂貨會期間簽訂訂貨合約的，每輛汽車的價格按七十萬元計價；在此訂貨會後訂貨的，每輛汽車的價格為七十五萬元。我代表廠方，言而有信。」

當時，這個普普通通的發言極富誘惑力。於是，這次年度訂貨會的成交額破了歷年的紀錄，其中僅某間公司一家便簽訂了每年訂貨十輛、連續訂貨三年的保值合約。

案例中的業務科長就是用符合客戶心理的話迎合了購買者的心理：例如商品價格頻頻上漲，晚買不如早買、多買比少買好、先簽訂貨合約比不簽訂貨合約好。更何況還有「優惠」、「保值」等誘人的內容，所以銷售業績非常好。

要想讓對方贊同自己的觀點，就必須先瞭解對方的心理狀態，說話的時候讓自己的語言「與對方站在一起」。

說出的話越符合對方的心理，對方就越容易接受我們的觀點，這是因為人類有一個共同的天性，即喜歡聽「自己人」說的話。

美國紐約市立大學的心理學家哈斯（Leonard J.Haas）也說過：「一個釀酒專家也許能給你許多理由，告訴你，為什麼某一種牌子的啤酒比另一種牌子的要好。但如果是你的朋友，不管他對啤酒是否在行，他教你選購某種啤酒，你很可能就會聽進去他的意見。」

某間店有位店員很會做生意，他的營業額比其他店員都高，有人問他：「是不是因為你能言善道，所以生意特別好？」

他回答說：「不是，我的秘密武器是當顧客是自己人，用符合客人心理的語言去對待顧客。」

這個店員總是站在客人的立場上替對方精打細算，站在客人的角度說話，用符合顧客心理的語言去對待對方，從而使對方的戒備心理、防範心理大大降低，並且產生了認同感，因此能說服對方，做成了生意。

很多時候，只有跟對方聊符合他心理需求的話，對方才願意繼續聽下去，兩方的談話才能順利地進行。如果在一開始就講一些不著邊際的、甚至是抵觸對方的話，就會引起對方的反感，不論說什麼他也聽不進去了。這就需要說話者學會從對方的角度去看事情的走向。

另外，在具體行動上，甚至是連一些微不足道的方面，若在感情上表現出與對方的親近感跟認同感，往往也會使我們與對方獲得巨大的情感共鳴，並感到有回報。而一旦建立了這種情感共鳴，對方自然更容易接受我們說的話了。

不要著急接話

各位是否有過這樣的經歷：在對方還沒有來得及講完自己的事情前，就打斷了對方的話，並大加評論。如果有的話，請儘量這樣想想：我真的聽懂對方的話了嗎？

現實生活中，我們往往沒有聽別人把話說完就貿然下結論，這樣武斷的做法很容易出現誤會，甚至會影響到一件事情的成敗。所以，不管對方是誰，我們都要養成讓別人把話說完的良好習慣。

在美國，有一位知名的主持人叫理察・林克萊特。一天，林克萊特訪問一名小朋友，問他：「你長大後想要當什麼？」

小朋友天真地回答：「我要當飛行員！」

林克萊特接著問：「如果有一天，你的飛機飛到太平洋上空時，所有引擎都熄火了，你會怎麼辦？」

小朋友想了想，說：「我會先告訴飛機上的人繫好安全帶，然後，我穿上自己的降落傘跳出去。」

當現場觀眾笑得東倒西歪時，林克萊特一直看著孩子，想知道他是不是個自作聰明的傢伙。沒想到，接著孩子的兩行熱淚奪眶而出，林克萊特發覺這孩子的悲憫之情遠非筆墨所能形容。於是，又問他：「為什麼要這麼做？」

小孩的回答透露出一個孩子真摯的想法：「我要去拿燃料，我還要回來！」

這就是傾聽的藝術。一是聽話不要聽一半，要讓對方把話說完。每個人在滔滔不絕時都希望周圍的人是自己忠實的聽眾，而自己就是談話中的主角。這時，旁邊突然有人不斷地插話，會讓主角不滿，甚至生氣。

所以，出於最基本的禮貌，我們不要輕易在他人談話時插嘴，除非真的有必要在別人講話時發表自己的意見。

當對方若是說得沒完沒了，或者由於情緒激動等原因，導致語言表達有些零散、甚至混亂時，我們也應該耐心地聽完對方的敘述。即使有些內容是我們不想聽的，也要耐心聽完。千萬不要在別人沒有表達完自己的意思時，隨意地打斷別人的話語。

當別人流暢地談話時，隨便插話打岔，改變說話人的思路和話題，或者任意發表評論，都是一種不禮貌的行為。

江永在鎮上蓋了一棟三層的房子，當房子的三樓剛蓋完時，幾個朋友在他家吃飯。席間，突然來了一位專門安裝鋁門窗的人，跟江永一見面就遞了張名片。其實這人的公司也在這個鎮上，雖然和江永平時也見過面，但因沒有業務往來，他們互相並不認識。

與那人交談後，他們彼此覺得非常麻吉。輪到江永做決定是否要把家裡鋁門窗交給這人做時，江永說：「雖然我們以前不認識，但透過我們剛才的一席話，我知道你對鋁合金門窗安裝的經驗豐富，假如我房子的門窗讓你來安裝，我相信你能做得很好。但是在你今天來之前，我們廠裡一個離職員工已經跟我提過，說他離職了，門窗安裝的事請讓他來做……」

江永的話還未說完，那位先生便插話了：「你是說那個跑來跑去的小馬吧？他最近是給幾家安裝了門窗，但他那種家庭式的做法怎能與我比？」

哎！這話不說還好，一說便讓江永頓時改變了主意，江永接著說：「不錯，他儘管是傳統作業方式，沒有你公司的設備先進，但他現在離職在家，資金還沒那麼充足，只能暫時這樣，再逐漸完善。出於同事之間的交情，我還是想讓他做！」

就這樣，那位安裝鋁門窗的先生只得怏怏離開了。

後來，江永對別人說：「那位先生沒還沒聽完我想講的話，就把我的話打斷了。本來，我是想暗示他，做鋁門窗的人很多，不只他一個上門來想接生意。我是打聽過，他做門窗很多年，安裝熟練且很美觀，但他的報價很高，我只是想殺殺他的價格。沒想到他那麼沒有禮貌，一下就打斷了我的話，還攻擊同行，這讓我懷疑起他的人品。我寧願找別人，也不要讓他來給我安裝門窗。」

貿然打斷他人的言談，不僅是不禮貌的行為，而且很可能什麼事也不易談成。

在別人說話時，我們不能只聽到一半、或只聽一句，就裝出自己明白的樣子。聽人說話，務必有始有終，但是能做到這點的人並不多。

有些人往往因為疑惑對方所講的內容，便脫口而出：「這不太好吧！」或因不滿意對方的意見而提出自己的見解，甚至當對方有些停頓時，搶著說：「你要說的是不是這樣……」這時，由於被人插了話，對方的思路很可能因此而中斷，結果忘了自己原本要講些什麼。

再者，當事情還沒聽到最後便急於發表見解，所發表的看法也未必正確；而總想表達自己的觀點，反而不能靜下心來把事情聽清楚，或是不能真正把道理聽懂，這樣，不管是在為人處世，或是在自身的修養方面，都是會有問題的。

凡事應在微小處注意，時時提醒自己尊重他人，哪怕是聽話這麼一件小事，也要學會尊重他人，不輕易打斷別人。

社會心理學家透過對人際關係的研究，一致提出人際相處的一個最根本的信條就是：「不打斷對方，讓對方把話說完」，並且，要完全傾聽對方的談話，這樣才能使對方開懷暢談。

只有尊重別人，才會受到別人的尊重。因此，在與人交談的過程中，應該注意尊重對方，而尊重對方最起碼的要求，就是不要隨便打斷對方的話，讓對方把話說完。

這樣當我們耐心去聽對方在講什麼、想要表達什麼、結論如何，反而更能聽明白一些道理。因此，當我們打斷別人說話時，其實除了對他人不夠尊重外，也在滋長自己一顆自以為是的心，長此以往，其實損害到的是我們自己的。

由此可見，如果想要接好話，讓談話更深入，就要做一個善於傾聽別人講話的人，根除隨便打斷別人說話的陋習，在別人說話時千萬不要插嘴，讓對方把話說完。

「yes，but」法則

所謂「yes，but」法則，就是當一個人在批評或指出對方錯誤時，應該先認同或表揚對方，然後再評論或指出其錯誤，這樣對方才比較會願意回應，接受我們的觀點或想法。

先說 yes，再說 but，就好比在味道苦澀的藥丸外面裹上了糖衣，這樣會比較容易打開雙方對話的入口。同樣，委婉地表示拒絕，也比直接說「不」更容易讓人接受。

當我們的觀點和別人的觀點不一致的時候，或是當我們企圖用自己的觀點說服他人、改變他人的想法和態度的時候，該怎麼做呢？

假如當場就否定別人的觀點，堅持自己的看法，這樣說出的話就沒有一點迴旋的餘地。如此一來，一方面讓對方下不了台，另一方面激發了對方「就是要跟你對著幹」的情緒。毫無疑問，這樣的溝通是失敗的。這樣不僅無法說服對方，反而會造成對方的逆反心理，更會影響兩方的關係。

我們都有這樣的體驗：當自己提出的意見遭到全盤否定後，我們的自尊心往往很難使自己能夠順利地繼續進行對話。

相反，一個人在提出自己的意見後，一旦受到某種程度的肯定和重視，人的自尊心會引導心理活動形成一種興奮優勢，這種興奮優勢會讓人在情感上感到友善、在理智上感到滿足。當我們準備否定或拒絕他人的時候，不妨先對對方的想法表示肯定和接受，然後再否定或是拒絕。

談話中，一定要先讓對方覺得「跟你講話永遠有希望」，而不要一開頭就把事情講死。因此，不論在什麼情況下，我們在否定或拒絕他人時，不妨先用「yes」表示對對方的同理和理解，以此來創造一種較為融洽的氣氛。

在縮短雙方之間的心理距離後，再講「but」，這樣一來，由於我們向對方的一些看法表示認同，會使對方感覺在某種程度上我們還是贊同自己觀點的。這時，在對方眼裡我們是與他站在一起的，儘管我們也在讚揚之後表達了不同意見，但這不表示兩方的觀點是處於對立的。

小劉在一家保險公司做業務員。他是個說話高手，同事們往往在進門之前就被客戶拒絕了，但他通常能跟客戶聊好久，他的業績在同事中也遙遙領先。

於是，有很多同事向他請教。他說，最重要的一點，就是說話的時候要懂得「先肯定，後反駁」。當客戶對你產生懷疑時，你不要一味地反駁客戶，例如，經常有客戶會說：「我對保險沒興趣！」很多業務員就被客戶的這句話拒之門外。

但是小劉在遇到這種情況的時候，會接著客戶的話說：「您說得有道理，誰會對保險這種跟生、老、病、死有關、躲都躲不及的事情有興趣呢？我也沒多大興趣。」

這時，很多客戶往往會反問：「既然你沒興趣，為什麼要做這一行呢？」這就給了小劉一個表達自己想法的機會。

之後，他便把保險對人生的重要性娓娓道來：「雖然我們都對保險不感興趣，但是生活中很多的事情是我們無法預料得到的……」

如果小劉一開始就不同意客戶的觀點，劈頭就回說：「你錯了，保險很重要……」那麼，客戶只會覺得反感，必定不會給他繼續說下去的機會。

正是由於小劉懂得先認同（「誰都對保險不感興趣」），再表明不同的觀點（「但是生活中很多的事情是我們無法預料得到的……」），才緩和了說話氣氛，然後自然地為自己爭取到說話的機會。

其實，「yes，but」的應變之道不僅在溝通的時候適用，在待人處世上也有適用之處，有助於人與人之間的關係和諧。

陳濤夫妻倆辭職後自己創業，利用銀行的優惠貸款開了一家日用品商店。兩人從早到晚把這間店經營得有聲有色，收入非常好，生活自然有了起色。陳濤的舅舅是個遊手好閒的賭徒，經常把錢花在打麻將上。這段時間，陳濤的舅舅手氣不好又輸了，他不服氣，還想扳回本錢，又苦於沒錢，就把眼睛瞄準了外甥的店，打起了主意。

一日，這位舅舅來到了店裡對陳濤說：「我最近想買輛摩托車，手頭還差兩萬塊，想在你這借點錢周轉，過段時間就還你。」陳濤瞭解舅舅的嗜好，借給他錢無疑是肉包子打狗有去無回，何況店裡用錢也緊，就敷衍著說：「好！再過一段時間，等我錢存夠了、付了銀行到期的貸款，就借給你，你知道的，銀行的錢可是拖不起的。」這位舅舅聽外甥這麼說，沒有辦法，知趣地走了。

陳濤不說不借，也不說馬上就借，而是先說自己同意借錢，但現在沒法馬上就借，要過一段時間，等付完了銀行貸款後再借。這句話含有多層意思：一是目前沒有，現在不能借；二是我也不富有；三是過一段時間不是很明確，到時借不借再說。舅舅聽完後已經很明白了，但他並不心生怨恨，因為陳濤並沒有說不借給他，只是過一段時間再說而已，給了他希望。

先答應對方的要求，然後又說「但是」為自己推脫找藉口，也是一種以退為進的處世謀略。

在古代，富貴權勢之家從新科進士中挑選女婿是相當普遍的現象，其中也有內心雖不樂意而迫於權勢不得不應允者。

一天，某權貴之家看中一名年輕進士，便派十名家丁去強行相邀。年輕進士沒有推辭，跟隨而來，到這家之後，立即引來不少人圍觀。

一會兒，衣著華貴的主人出來，對進士說：「我膝下只有一女，相貌倒也不俗，願許配給郎君，不知意下如何？」

進士先鞠躬，後答道：「我出身貧寒，能高攀貴人，深感榮幸。不過，這件事要等我回家與妻子商量之後才能答覆，你看如何？」

眾人知其早已成親，無不大笑，主人則滿面羞慚。

這名新科進士對於權貴之家的冒失逼婚，不直接推辭，而是恭敬地應允，然後藉口說要與妻子商量，不僅表明了自己有妻室，而且還顯示出對妻子的尊重，大有「糟糠之妻不下堂」之勢，自然巧妙地表明了自己的拒絕之意。

事實上，人們在反駁他人的觀點時總是容易陷入一個誤區，即一開始就把雙方分歧的局部凸顯出來，這樣一來很容易便會使彼此忽略了，兩方其實也有很多共識的部分，因此很容易導致爭論升級。如果採取「yes，but」這種先同後異的對話方式，就較為有可能使雙方獲得一致的意見。

因此，在與他人進行對話交流而需要反駁他人的觀點時，我們可以先不直接否定對方的觀點，而是先順著對方的思路，對其看法予以肯定，接著，再婉轉地提出與對方不同的見解。這樣往往就能讓對方忘掉爭執，而比較順利地認知到自己的錯誤觀念，從而去除思維成見，達成共識。

這一點也是合乎人的心理法則的，因為當一個人說「不」的時候，他全身的神經、肌肉系統都會處於緊繃狀況，傾向採取抵制態度來抵禦外力的煩擾；但是當一個人說「是」、「對」的時候，神經和肌肉卻是處於鬆弛狀態，此時比較可能以開放的襟懷接受新的意見。

總而言之，即使我們再不認同對方的觀念、想一口回絕對方，也要尊重別人。人都是要面子的，如果能顧全對方的顏面，把對方置於平等的地位，甚至讓對方有一種被重視、被尊重的感覺，對方才能敞開心胸回應，接受不同的想法；否則對方可能會變得更加頑固。「這事絕不可能！」、「你絕對是錯的！」這樣的說法會讓對方難以接受，並讓兩方的關係進入僵局，為我們說服對方增加了難度。

這時不如像這樣換個說法：「你說的這種事情也不是不可能，但是目前來說，發生的機率很小……」「你的做法也許是對的，我可以理解，但是對很多人來說都不太實用。」這樣，比較有機會獲取事半功倍的效果。

接話不要輕易否定對方

話為心聲，也為情聲。生活在這個複雜的社會裡，人與人之間的交往是溝通情感的基礎。人非草木，孰能無情？在日常生活中，與他人談話交流，一定不要輕易使用否定的語言回應對方，因為每個人都渴望從他人那裡得到認可和肯定。

美國著名心理學家卡瑟拉博士，曾經非常有成效地幫助過許多人，使他們走出人生的低谷，步入佳境。有人好奇問道：「卡瑟拉博士，你在幫助別人時，最倚重的方法是什麼？」

卡瑟拉博士毫無保留地公開了自己的秘訣：「我使用一種奇妙的方法，它有種神奇的力量，能夠讓沉默不語的人開口說話，讓灰心失望的人展露笑容，讓婚姻不幸福的夫妻重新和睦。接受我治療的人，無論是精神分裂症患者、還是正常人，這個方法都是我所知道的各種方法中效果最好的。這個方法就是——在回應對方的時候，給予對方真誠的鼓勵和肯定，而不是否定對方。」

然而，並不是每一個人都能做到這一點。在與別人交談的過程中，我們有些人會不自覺地傷害到對方。表面上看起來他們沒有做出什麼無禮的舉動，也沒有談論到什麼不愉快的事情，但只要交談的時間一長，就會讓人感到疲憊，只想快點結束談話。原來，這種交談方式存在著很大的問題。讓人愉快的交談方式並不單純是指能言善道，有時，口才好的人反而更讓人厭惡，因為在交談中，他們喜歡否定對方的觀點。

張欣：「今天的天氣真熱啊！」

王琳：「是啊！可是昨天的天氣比今天還熱。」

張欣：「這麼熱，最好是去吃涼麵！」

王琳：「可是你難道不知道嗎，涼麵是冬天吃的東西哦！在酷熱的夏天，吃冰涼的食物對身體不好。除了涼麵還有沒有更好的東西呢？」

張欣：「你覺得雞湯怎麼樣？」

王琳：「這麼熱的天，吃那種東西會出一身汗啊！還是吃沙拉和飯糰吧！」

上面的談話中，乍聽之下，王琳說的話並沒有什麼不對的地方，好像也並沒有什麼會影響張欣情緒的部分，但如果這番對話持續下去，張欣必然會感到很累。那是因為，無論張欣說出多麼平常的話題，王琳都會去否定對方的話，即使她同意張欣對天氣的看法，也會繞個彎予以否定。

事實上，像上面的這種對話方式，會讓張欣很快發覺，王琳不但不接受自己的觀點，而且還不停地反駁，自己說出的話都一一反彈回來，因此會在不知不覺中感到自己受到壓抑，甚至會產生王琳不尊重自己的想法。

如果跟王琳這類人談話，為了得到她的認可而忙於挑選順應她的話題，就會一直處在疲於應付的狀態。可想而知，這種交談方式無論如何都讓人愉快不起來。

我們每個人都應牢記這樣一個回應對方的原則：那就是不要輕易否定對方，因為我們的一句否定，很容易給對方造成創傷，甚至會留下很深的傷痕。這是因為人類大腦中管理情感的區域擁有很強的記憶力，因此會非常難以抹去創傷所烙下的疤痕，而且每當遇到類似的情況時，潛伏在內心深處的傷痛就會死灰復燃。

無論遇到什麼樣的情況，都不能說出否定別人的話。這一點我們都該向石油大王洛克菲勒學習。

有一次，洛克菲勒的一個合作夥伴愛德華・貝德福德（Edward Bedford）在南美洲的一次生意中使公司損失了一百萬美元。然後，貝德福德喪氣地回來見洛克菲勒。洛克菲勒原本可以指責貝德福德的過失，但是他並沒有那樣做，他知道貝德福德已經盡力了，更何況事情已經發生了，不能因此就把貝德福德的功勞全部抹殺。

於是，他極力尋找一些話題來安慰貝德福德。他把貝德福德叫到自己的辦公室，對他說：「這太好了，你不僅節省了百分之六十的資金，而且也為我們敲響了一個警鐘。我們一直都非常努力，並且獲得了幾乎所有的成功，可是還沒有嘗到過失敗的滋味。這樣也好，我們可以好好地發現自己的錯誤和缺點，在未來獲得更大的成功。更何況，我們也並不能總是處在事業的巔峰時期。」幾句話下來，貝德福德心裡暖洋洋的，並下決心準備東山再起。

洛克菲勒在愛德華．貝德福德給公司帶來重大損失的情況下，不僅沒有否定對方，反而給予其溫暖的讚美和鼓勵，這正是愛德華．貝德福德需要的。事實證明，洛克菲勒的做法極其正確，因為愛德華．貝德福德後來為公司帶來了可觀的利潤。由此可見，無論什麼時候都不應該輕易否定一個人。人都是脆弱的，有時候我們的一些否定的話可能會給他人帶來難以磨滅的負面影響。

在辦公室，有年輕的女同事去做了臉部護膚，就問旁邊的男同事怎麼樣。一般應該說「不錯，很好」，而他卻是有好說好，有壞說壞。他曾經指責過同事眉毛不該畫，畫得假假的，沒有原來真的好看，弄得人家心情大壞，半天不說一句話。又例如有一次，一位女同事穿了一件新衣服來，非常高興地問他好看不好看，他實事求是地來了一句：「衣服顏色與妳的膚色不搭。」害得人家衣服穿在身上總覺得不舒服。

在與他人談話交流的時候，千萬不要輕易否定別人。每個人都有發光的一面，對別人說「你能」不是奉承，而是給對方尋找自己亮點的支撐。因為也許今天這人只是個打工的人，明天就可能是某個領域的先驅。

巧妙接話，讓交流更深入

別看人來得不多，在座的全是精英，我更要好好講……
不好意思因為臨時換了場地，很多人都不知道您在這裡有講座。
頭髮剪得有點太短了。
頭髮短讓您顯得比較有精神、樸實、厚道，更有親和力。
我對保險沒什麼興趣。
瞭解。誰會對保險這種跟生老病死有關的事情有興趣呢？但是人生中有很多事是我們無法預料的……

話接得巧，談話才能進行到底

人們在交談的過程中，往往會出現這樣的情況：引出某個話題之後，自己才講幾句，便覺得沒什麼可說的了，或者來回講個兩三個回合，雙方都同時覺得沒詞了。

為什麼會這樣呢？大家都知道，如果麵團有限，即使有再大的本事，也不可能做出超過麵團體積的麵條來。同樣，交談中出現這種卡住的現象，就是因為交談話題有限、沒有展開而導致的。

既然知道了這個原因，我們下面就來分析一下，讓大家以後在跟人交談時避免犯錯。

一、談話的積極性不高

交談是雙方或者多方參與的語言交流活動，需要每個人積極投入其中，才能形成熱烈的談話氣氛。因此，不管是正式交談，還是非正式交談，參與者的參與精神和意識都顯得尤其重要。參與者如果互有成見，或另存心思、或情緒不好、或自卑怯場，都會影響和挫傷交談另一方的積極性，進而制約交談話題，無法深入展開。

二、對話題不感興趣

如果一個考古研究者總是談論深奧的甲骨文，相信沒有多少人可以跟這人對話。因此，選擇一個大家都感興趣的話題是至關重要的。如果話題不符合參與者的興趣、愛好、心理、以及當時的心情；或過於精深，超出了大家的知識範圍；或容易滋生是非，製造矛盾；或涉及參與談話者個人的隱私；或無聊、低俗……一般來講，都會破壞交談者的興致，甚至壓根兒談不下去。

三、沒掌握展開話題的方法

從上面的分析不難看出，要使話題進行下去，而且談得有意義，那麼參與交談的人首先要有正確的心態，也就是交談者首先自身就要積極地參與其中，要善於調節自己的情緒和抑制孤傲、猜忌、不屑等不健康的心理。

其次，交談者平時要不斷提高自身的知識涵養，交談時盡可能選擇大家都喜歡談、而且能夠談的話題。

此外，交談者還要特別講究展開話題的方式和方法。展開話題並非有固定不變的模式，但如何巧妙地延續話題，就端視是否能善於運用技巧了。

一般來講，接好話題的方式方法最常見的有以下幾種：

1 激勵法

這有兩種情況。

一是當對方言之有理、話鋒正健、有利於深化交談的主題時，就要激勵對方把話繼續說下去，讓對方做出更詳細、更明確、更清楚的闡述。具體方法是：

(1) 請對方補充說明；

(2) 提問；

(3) 適時插話，或簡述自己過去的同樣經驗，以驗證說話者的觀點，或直接表示對說話者觀點的理解、贊同；

(4) 注意變換答語，別總只是說「是」、「說得對」；

(5) 保持目光的接觸，以積極的面部表情和肢體語言反饋對方。

二是如果對方一向沉默寡言，或因故緘口不言，就要採用積極的言語技巧加以讚揚和鼓勵，以刺激其談話的興趣。例如可以提議說：「某某某在這個問題上很有研究，我們請他說說看法。」

2 誘導法

抓住對方談話的主要內容，順水推舟，給予適當的引導，以利交談的深入進行。這類引導語很多，例如，「你說的這話很關鍵，如果大家能就此達成共識，問題可能就容易解決了」。

若深談不能進行，也可以直接提出跟話題有關的某方面問題，引起大家的交談興趣，例如說：「事出有因，出現這種情況的原因到底是什麼呢？」

3 補充法

在交談的過程中，如果發現對方的談話有不夠全面、不夠深刻的地方，可以抓住機會予以巧妙的補充，進一步使交談話題得以全面深刻地展開，此方法在交談實踐中是經常被使用的。要請大家特別注意的是，千萬不要為了顯示自己的地位重要和見解高明，而沒有什麼補充也要「補充」一通。

4 舉例法

不少人都有過這樣的感受：同一個話題，別人談起來頭頭是道、實實在在，自己說出來卻總是乾巴巴的，幾句話一出，就無話可說了。顯然，是否善於運用舉例法是一個很重要的因素。其實，說話和寫文章一樣，都需要借助具體的材料來說明和展開論點。

在交談中，為了支持自己的論點，列舉一些例子，可以達到說明和論證的作用，同時也有利於整個交談話題的展開。為了表示贊同對方的觀點，舉例可使對方覺得交談很投機，有利於拓展話題。

即使是列舉反對或否定對方的論點論據，也可以引發對方深入思考，從而有益於對交談的話題進行深入討論。當然，舉例並不是目的，而是手段，所以，選擇的事例一定要恰當，切不可濫用。

若是因為不善言談而導致談話陷入中斷，有些小的細節也可以有補救的作用。例如可以說，「這髮型真適合你」，或「這地方的裝飾真別致」，身邊的一草一木，都可以成為繼續交談的話題。

只要我們話接得好，就完全可以消除談話中的卡住現象，將談話進行到底。

Chapter

4

用幽默接話，讓交流的氣氛更輕鬆

幽默助你化干戈為玉帛

很多人都有這樣的體驗：與別人談話時，對方竟然反駁我們所說的話，並且換之以帶刺的應答。發生這種情況大多與交流溝通不順暢有關，如果任由其發展下去，就會破壞原本和諧的人際關係，使兩方的關係越鬧越僵。

而且，這種敵對情緒是那麼容易產生，無意間的舉手投足到了對方那裡都成了帶有負面色彩。這種難堪、尷尬的交際，每個人都不想遇到。如果偏巧有這種情況發生在自己身上，我們能不能懂得利用幽默巧妙應對呢？請記得，幽默可是化解敵意的良藥，而且屢試不爽。

幽默語言是一種潤滑劑，可以有效降低人與人之間的「摩擦係數」，並能使我們從容擺脫溝通中可能遇到的種種難題。

幽默之所以能夠化解敵意，很重要的一點在於，我們透過發笑可以將內心的緊張和重壓釋放出來，使人際關係變得和諧溫暖，敵意自然也會消失於無形。

一次，某位社運人士在演講時遭到現場有心人士故意搗亂，不時有人吹口哨，有人叫嚷，現場內一片混亂。

「早知道會是這樣，我們來的時候就會帶上……」他停頓了一下，「帶上一位冷若冰霜的美女！」他沉著冷靜地說。

場下的聽眾哈哈大笑。更令人驚奇的是，觀眾再沒有叫嚷，讓他順利地完成了自己的演講。

這位社運人士講話停頓的時候，絕大多數人都認為，他接下來要說的應該是帶上刀槍、棍棒、炸彈等武器，這時才能派上用場。

可是，此人不按常理出牌，偏偏說要帶個美女，而且還是冷若冰霜的美女。這話一出口就與聽眾的預料形成反差，妙趣橫生，讓聽眾不得不開懷大笑。在如此輕鬆愉悅的氣氛中，來自聽眾的敵意自然也就消失了大半，誰都不忍再繼續為難他。

在生活中，我們很可能也會遇到與自己意見相左的人，對方可能老是找麻煩、引發事端，讓我們陷入尷尬境地。這時，我們可不要傻傻地和對方硬碰硬，倒不如運用智慧尋找突破口，讓自己化險為夷。

雷根總統去加拿大訪問，他在某城市發表演說時遭到了一些反美示威者的遊行抗議。當時的加拿大的總理皮耶．杜魯道（Pierre Trudeau）為此感到非常尷尬。

「這種情況在美國經常發生，」雷根總統微笑著說，「我想這些人一定是專門從美國趕來貴國的，因為他們想使我有一種賓至如歸的感覺！」

雷根總統剛一說完，杜魯道總理就如釋重負地笑了起來，連場下的遊行群眾中也是笑聲連連。

雷根總統遭遇到的敵意主要來自遊行群眾，他寓莊於諧，幽默風趣的言談和恰到好處的自嘲不僅緩解了他的尷尬和難堪，也消解了遊行群眾的敵對情緒，更消除了加拿大總理的拘謹和不安。

雷根總統的這一幽默可謂一箭三鵰，更讓人們在大笑之餘見識到了他的樂觀、豁達和善良。帶有善意的幽默總是受歡迎的，哪怕我們的幽默水準並不高，聽者也會給足面子。

要想用幽默的方式化解對方的敵意，我們首先要做的就是消解自己的敵意。

或許各位會問：明明是對方來挑釁我，我怎麼會對他有敵意？原因很簡單，對方向你投射敵意之所以會成功，就是因為你心中埋藏著某些敵意。如果你心中沒有敵意，那麼敵意的投射就會徹底無效。在上文的例子中，無論是那位社運人士，還是雷根總統，他們對對方的挑釁都以平和之心加以包容，這是能以幽默化解敵意的前提。

當然，要包容敵意並不簡單，如果你是個容易發火的人，倒不妨聽聽美國催眠大師史蒂芬・紀立根（Stephen G illigan）博士的說法。他說，一個人向你打出一拳，你可以當面去感受這一拳打來，你也可以轉身站在對方的後邊，從這個角度感受他。這時兩種感受截然不同：第一種情形下，你會感覺到緊張，而且會有恐懼或怒氣升起；而在第二種情形下，你的身體是放鬆的，並且會對這個人產生一種理解、甚至悲憫。

這是一個很好的做法。解釋起來可以這麼說：假若你以為對方的敵意是針對你的，那麼你也會有敵意產生；但假若你試著站在對方的角度上，嘗試著把對方的一些行為或情緒視為可以接受的，那麼敵意自然就消除，你們之間的關係危機就成功地消解了一半。

消解了來自己方的敵意後，接下來我們要做的就是適時地把對方逗笑了。例如像社運人士那樣悔稱沒帶「冷若冰霜的美女」，或者像雷根總統那樣先拿自己尋開心，都可以輕鬆地化解敵意、活躍氣氛。

如果對方是個「硬骨頭」，對你的敵對情緒十分堅定，那你不妨採取「冷卻」的方法。你可以透過遞杯開水、請喝咖啡等方法暫時打斷談話，然後嘗試用幽默來讚美對方，或者找一些好笑、有趣的事情來緩和氣氛。透過這一番「折騰」，一般都能大大地消解敵意，甚至還能讓雙方化敵為友！

用幽默化解社交中的尷尬

在社交場合，由於自己的不慎，有時我們會使自己處於比較難堪的境地；或者我們遇到了缺乏教養的人、不懷好意的人、對我們有敵意的人，致使我們陷入比較尷尬的困境。在這種情況下，如果我們抽身而退，固然可以逃離困境，但當逃兵總是不光彩的，也會給我們日後的社交往來帶來消極的影響。

有經驗的人都會告訴我們，遇到這種情況，只有自己才能救自己，用自己的智慧來展示自己的幽默口才，機智應對，三言兩語就能使自己擺脫困境，維護自己的尊嚴，給對方以有力的回擊，並且也把自己的人格魅力充分地展現了出來。

號稱「無冕之王」的記者是非常擅長給名人製造麻煩的，有許多名人都曾面對過記者的刁鑽提問，常有無法下台的困擾。如果稍有應對不慎，就會使自己的形象大受影響，這是顯而易見的。但是那些充滿智慧和機智的名人卻能夠八仙過海、各顯神通，留下了不少風趣的故事，給我們許多啟示。

相聲大師侯寶林到美國去訪問，美國記者自然不會放過他，提出了一個很刁鑽的問題來刁難侯寶林：「雷根是演員，當了美國總統，你也是演員，你在中國也可以像雷根這樣嗎？」

這個問題可不好回答，既不能答說「可以」，也不能答說「不可以」，只見侯寶林稍一思索，就回答道：「我和雷根不一樣，他是二流演員。」

侯寶林的回答妙不可言，既迴避了做簡單的「是」與「否」的回答，又充分肯定了自己的演藝才能，含而不露，簡直是無懈可擊。

類似這樣的難堪局面總是突如其來，讓人無法提前加以防範，但是幽默感強的人卻往往能輕鬆過關，給我們留下許多軼聞趣事，讓我們津津樂道。

有一天，一位社會地位顯赫、狂妄自大的夫人向蕭伯納發出了請帖，想邀請蕭伯納到她家來做客。

請帖是這樣寫的：「星期四下午四點到六點，我將在家。」

蕭伯納對她一向是敬而遠之的，絕對不會前去拜訪她，於是他在請帖底下添上簡短的一行字：「我也一樣。蕭伯納。」然後就派人將請帖給那位夫人送了回去。

不明著拒絕對方的邀請，而是聲明自己也將像對方一樣待在家裡，拒絕前去赴約的意思一目了然。這樣的幽默同樣顯示了蕭伯納在社交上的智慧。

在各種不同的社交場合，迅速擺脫自己所處的不利處境，從而活躍氣氛、贏得尊重，都離不了幽默的獨特作用。

由於社交中突如其來的事情比較多，許多不曾預料的情況都會發生，因此要想使自己在社交中成為明星，必須要有過人的智慧和極其敏銳的反應能力。

俗話說，「要在游泳中學會游泳」。我們也只有在社交中才能學會社交，在幽默中才能學會幽默。請大膽地練習練習！不經過反覆練習與實踐，我們是無法把自己的幽默運用得更純熟。

幽默接話，氣氛更輕鬆

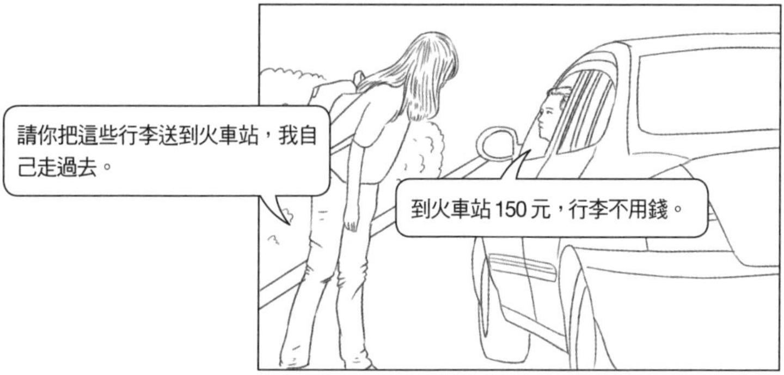
請你把這些行李送到火車站，我自己走過去。
到火車站150元，行李不用錢。

這種情況在美國常常發生。
我想這些人一定是專程趕來貴國的。因為他們想讓我有一種賓至如歸的感覺！

人們說，偉大的戲劇家都是白癡。
先生，我認為您就是最偉大的戲劇家！

化解窘境，幽默最實用

許多人在日常生活中常常遭到某些心懷嫉妒的人公然羞辱，而運用諷刺性的幽默予以反擊，正是擺脫窘境的手段。

化窘境為趣味，就是在特殊的情況下，抓住時機把難堪或者不利的局面，化為有趣的場景。

不管面對多激憤的言行，只要透過幽默的方法，把它誇張到既荒誕又微妙的程度，就能夠轉窘為趣。

兩個書生外出趕考，同住在一間客房。第二天起來洗漱梳頭時，兩人發現房中只有一把梳子和一面鏡子。

年紀稍小的書生嫌年紀稍大的書生髒，便有意戲弄道：「梳子你用左邊，我用右邊吧！」

大書生聽出了小書生的言外之意，於是說道：「那這面鏡子你用後面，我用前面吧！」

大書生的巧妙應答不但還擊了小書生的無理嘲弄，同時又令小書生無言以對，避免了正面衝突，這就是諷刺幽默的妙處所在。

諷刺性的幽默，實際上就是針對他人的侮辱，予以毫不留情的反擊，而這種反擊不乏趣味。

在實際生活中，這就需要我們好好地動一動自己的頭腦，然後靈活反應。

一日，老趙買了一條圍巾往家走，快到家門口時，看到鄰居家的女孩也拿著一條同樣的圍巾往家走。老趙高興地說：「小姐也買了這樣的圍巾，挺好的，很暖和。」

「嗯，我覺得也是，而且才一百塊，多便宜啊！」女孩開心地應道。

老趙一聽，頓生怒火，轉身去找賣圍巾的小販：「喂，這條圍巾，你剛才賣給一個女孩一百塊，為什麼賣給我一百五十塊？你這不是欺騙消費者嗎？」

「誰欺騙你了？那是因為剛才那個女孩是我的親戚。」

老趙聽完，沒再說話，而是又從攤位上拿起一條圍巾就往外走。

小販緊追上前，拉住老趙問道：「你幹什麼？拿東西不付錢，想搶啊？」

「咱們是親戚啊，還要付錢嗎？」老趙從容地問道。

「誰跟你是親戚？」小販怒氣衝衝地問。

「你不是說你跟剛才那個女孩是親戚嗎？我是她爸爸！」

老趙的一句話，頓時讓小販說不出話來了。

小販的話本是想氣老趙，老趙卻抓住時機，運用幽默的智慧也跟著攀親。由於都是假親戚，以假對假就產生了一種荒誕，這種荒誕就產生了很好的諷刺和還擊作用。

生活中，有些人愛利用自己的優勢和別人的弱點製造難堪，透過羞辱別人來炫耀自己，而諷刺性幽默正是與之爭鬥的有力武器。

有個資本家企圖在蕭伯納的戲劇中當眾羞辱他一番，便大聲說道：「人們說，偉大的戲劇家都是白癡。」

蕭伯納笑著回敬道：「先生，我看你就是最偉大的戲劇家！」

資本家十分尷尬，此前的囂張氣勢頓時消失了。

蕭伯納正是運用諷刺的幽默，給予對方有力的回擊，維護了自己的尊嚴，從遭受侮辱的境地中解脫出來。

當我們處在一種相當狼狽的境地、備受他人攻擊和惡意侮辱時，可能會驚慌失措、十分憤怒，也可能十分沮喪，而這一切並無法幫我們從遭受侮辱的境地中解脫出來。

在這種時候，就需要各位充分利用自己腦袋裡的東西，運用幽默的語言巧妙應對，透過諷刺反擊對方，讓自己輕鬆擺脫窘境。

巧裝糊塗，以幽默應對難堪

在生活中，一個人太精明並不一定是一件好事。我們要認知到，太精明在別人看來反而是愚蠢的行為，忍耐有時候就是裝糊塗，凡事不能表現得太聰明，裝傻反而對事情有利。

古人云：「水至清則無魚，人至察則無徒。」確實是這樣，一個人若是過分表現出精明強幹的一面，可以說是一件壞事。不管是做事還是做人，假裝遲鈍一點、傻一點、糊塗一點，往往會比太聰明的人活得自在。

在平時的人際往來中，我們最好適時裝糊塗，哪怕是面對他人的攻擊，我們也需要裝糊塗，避重就輕，消除彼此之間的尷尬。

裝糊塗是忍耐的一門大學問，也就是自己心裡明白，卻假裝糊塗，這是因為裝糊塗是忍耐做人的技巧。

面對他人的攻擊，揣著明白裝糊塗，學會彎腰低頭，是一種做人之道，更是一種生存之道。

如果我們反應過於激烈、過於直接，那反倒將造成大動干戈的局面，而這正是交際中的大忌。

不管是他人的尖酸刻薄，還是不懷好意，我們需要忍耐，適時裝糊塗，故意曲解對方的意思，或者幽默面對。

巧妙地裝糊塗是一種真聰明，能顯示出真智慧，不但可以給雙方的關係塗上潤滑劑，從而建立和諧友好的關係，還能使整個場面變得輕鬆愉快。

反之，如果太在意別人的言語，惡語相向，那可能就會使整個場面陷入僵局。

蕭伯納的名劇《武器與人》首演結束時獲得了全場熱烈的掌聲，他應

觀眾的要求來到台前謝幕。這時候，有一個坐在前排的人高喊「糟透了」。

對於這種無禮的語言，蕭伯納並沒有怒氣衝衝，他微笑著對那人鞠了一躬，彬彬有禮地說道：「我的朋友，我同意你的意見。」

他聳了聳肩，又指向正在熱烈喝彩的觀眾說道：「但是，我們倆反對這麼多觀眾又有什麼用呢？」台下觀眾頓時爆發出更為熱烈的掌聲。

面對無禮者的言語攻擊，蕭伯納並沒有正面回應，而是巧裝糊塗，忍受了對方的攻擊。而且，在回答對方時，無論是溫文爾雅的舉動，還是那半開玩笑的言辭，都顯示出蕭伯納一種忍耐的修養和風度。

巧裝糊塗不僅能使自己擺脫尷尬處境，還能使氣氛變得更加和諧，更有利於溝通。裝糊塗的幽默與平和的人生態度是我們生活中不可或缺的元素。

一個人是否懂得忍耐，也是對一個人的觀念、素質、能力的檢驗。巧裝糊塗，既可以給人們帶來輕鬆的笑意和愉悅的心情，幫人化解危機、應付窘境，又可以使人們以更輕鬆、更包容的心態看待人生。

木秀於林，風必摧之。當人們面對比自己優秀的人時，他們總會感到沒安全感，也就是說，如果我們的能力太強，別人相對地就會減少或失去自己表現的機會。在這種情況下，有人難免會對你說幾句刺耳的話語，對你保持戒心，倘若我們巧裝糊塗，隨口幽默幾句，那肯定會化解對方心中的敵意。

如果我們表現得過於強勢和直接，對方有可能對我們產生敵意。在這種情況下，我們唯有裝傻充愣，才能好好化解，這主要是為了保護我們自己，避免讓自己處於危險的人際關係之中。

隨意的幽默更容易交流

人們都喜歡聽幽默的話，就像我們本能喜歡聽好聽的音樂、欣賞美妙的詩篇一樣。我們和言談幽默的人在一起，往往就像置身於寧靜的湖泊邊或俊秀的深山中，令我們感到心曠神怡。幽默風趣的人是我們生活中不可或缺的一道亮麗的風景。

幽默具有神奇的魅力，用隨意自然的幽默語言和人交流，可以為慵懶者帶來活力與幹勁，也可以為勤奮者驅散疲憊；可以為孤僻者增添朋友，也可以使歡樂者更愉悅；可以使愁眉苦臉的人笑顏逐開，也可以使淚水盈眶的人破涕為笑。

很多人都認為幽默是很難得的，是需要下苦功夫、費盡心力才會閃現的火花，其實不然。幽默往往是妙手偶得，一舉手、一投足、一言一行都可以顯示出幽默，而且，不經意間散發出來的幽默往往更自然，更易於被大家接受。

有人說過：「真正的幽默既不是語言的幽默，也不是事件的幽默，也不是事情背後道理的幽默，是一種生活態度。」所以，把幽默當作一種生活態度，帶著這種態度去生活，不需要刻意為之，反而效果更好。

為什麼只要卓別林、周星馳等喜劇人物一露臉，他們一張口、一舉手、一投足，就能把人逗樂，他們一出現就立刻能把人們的心弦撥動，使千千萬萬的影迷為之捧腹、為之傾倒？他們幽默的奧妙之處就在於，他們的一言一行、一舉一動充滿了幽默，自然且發自內心，不做作、不刻意，啟人心智、令人愉悅。

他們可能無意幽默，但是卻幽默自現。

某公司有個職員居住的單人宿舍一直漏雨，每到下雨天都是屋外下大

雨，屋內下小雨。這位職員多次請公司相關單位來修繕，卻總是被推三阻四，沒有下文。

一天，公司的老闆到基層關心公司職員的生活，來到了該職員的宿舍，隨口問到房子的情況。該職員老老實實回答說「漏雨」。老闆又問到漏雨情況如何，大家都以為他會大訴其苦，卻沒想到這位深受漏雨之苦的職員微微一笑說道：「還好，不是常漏，只有下雨時才漏。」他的妙語博得老闆等人一陣大笑。幾天後，房屋修繕問題得到妥善解決。

仔細想來，這位職員說的都是實話，沒有什麼所謂的幽默的「技巧」在裡面，但是卻達到了幽默的效果。這就是渾然天成的幽默，雖然話說得很隨意，沒有雕琢，但是就是有幽默的效果。

幽默並非某些人的專利，只要願意，我們都可以在生活中很自然地表達自己的幽默，不用刻意琢磨。

但是，如果我們整天一副嚴肅的表情，事事計較不豁達，一點小事糾結半天，一點摩擦就記一下午，那麼肯定沒辦法做到有感而發，時時幽默。能夠隨性說出幽默話語的人，大多是一個樂觀開朗的人、胸襟開闊的人，甚至是一個能苦中作樂的人。

山澗清泉之所以汩汩流淌，是因為有永遠不竭的水源；幽默者之所以語言風趣，是因為他的內心永遠處於一種豁達開朗的境界。

農曆春節返鄉期間，火車上人滿為患，哪兒都是人，一對年輕的夫婦抱著自己尚在繈褓中的孩子也擠上了火車。這時有好心人看到了這對夫婦，見他們抱著孩子、帶著行李，站著實在很辛苦，於是就找了幾張報紙鋪在走道，讓他們坐在地上歇腳。年輕的丈夫感激不盡，幾個人聊著天，頓時氣氛就熱絡了起來。

這時列車長過來查票，沒注意腳下有報紙，一腳就踩了上去，這時年輕的父親說：「車長請注意點，別踩著我們的『地毯』。」列車長一開始還不明就裡，但他低頭看到這對夫婦和孩子，頓時就笑了，連聲道歉，並且還間或請抱著孩子的母親到車長休息室休息。

這位父親就是一個樂觀開朗的人，也是一個有寬廣胸襟的人。在這樣的乘車環境下，他不抱怨、不發牢騷，而是積極地解決問題；另一方面，在別人弄髒他的「座位」的情況下，他沒有大發雷霆，得理不饒人。這樣的人，就能在生活中處處顯露幽默，也為自己帶來便利。

讓自己能隨意地說出幽默的話語，還需要我們增加自己的知識和見識，博聞強識、見多識廣的人才有可能發現別人注意不到的意趣，然後展現出幽默。

明朝年間，有一位姓石的學士，人稱「石學士」。一次，石學士騎驢出門講學，驢兒走著走著突然開始不聽話，「噹啷」一下，把石學士摔到了地上。石學士的書童急忙上前攙起他，石學士卻並不著急，他整整衣冠，說道：「幸虧我是石學士，我要是土學士、木學士，估計這一下我早就摔壞了。」

石學士從自己的姓氏入手，隨口一句話，引得眾人哈哈大笑，不經意間展現了自己的智慧和幽默。

心情沉重的人是無法展現笑容的；充滿狐疑的人，話裡話外除了尖酸刻薄之外再無其他；整天牽腸掛肚、七上八下的人，話裡肯定深埋著憂鬱。只有心懷坦蕩、不計得失的大度之人，才能笑口常開，妙語連珠地和別人交流。

陽光並沒有特意每日普照大地，但卻造就了自然界的勃勃生機；幽默的人並未特意為之，雖然說出的話樸實無華，表現出的心境卻十分豁達，反而令人感受到幽默者樸實的天性和無窮的智慧。

林語堂在論及幽默時說道：「幽默是由一個人曠達的心性中自然而然地流露出來的，其語言中絲毫沒有酸腐偏激的意味。而油腔滑調和矯揉造作雖能令人一笑，但那只是膚淺的滑稽笑話而已。只有那些巍巍蕩蕩、樸實自然、合乎人情、合乎人性、機智通達的語言，才會雖無意幽默，但卻幽默自現。」

當我們擁有曠達明朗如萬里無雲之天空的心境時，當我們學富五車、知識滿斗時，我們說的話也有機會可以達到「無意幽默，卻幽默自現」的境界。

Chapter 5

以讚美接話，人人都會喜歡你

尋找對方值得稱道之處

在變化如此迅速的現今社會，每個人被認可的需求更加強烈。我們在人際往來中要做的，就是滿足對方對於認同感的渴求，以此獲得他人對我們的認可與信任。

從某種意義而言，與人交談就是一種探求對方心理需求的過程，透過這種過程，可以知道對方的心理渴求，依此制定談話內容，從而達到傳遞正能量，同時獲取對方信任的目的。

那麼，我們透過什麼樣的語言才能給予對方正能量呢？答案當然是讚美。

讚美就像是加油站，能夠源源不斷地輸出正能量。讚美是一種慰藉，是一種肯定，它能使人際關係和諧，增強彼此的親近感。所以，我們在人際往來中要學會尋找別人值得稱道之處，適時給予讚美，以此為我們贏得良好的人際關係。

法國雕塑藝術家羅丹說，世界上並不缺少美，而是缺少發現美的眼睛。如果用心去觀察，任何一個人都有其可讚美之處。

甚至，在此場景中的缺點，放到別處就可能是優點。所以，讚美別人並不難，只要善於觀察、善於思考，總能發現對方的閃耀之處。

只有先發現對方身上確實值得稱道之處，才可以使自己的讚美顯得真誠而恰到好處。否則，很有可能適得其反，導致對方面對我們的讚美不但不領情，反而覺得我們虛偽不可靠。

被譽為「業務權威」的霍伊拉的交際訣竅是：初次交談一定要揚人之長，避人之短。有一回，為了替公司拉廣告，他去拜訪梅西百貨公司的總經理。寒暄之後，霍伊拉突然問道：「您是在哪兒學會開飛機的？總經理能開飛機可真不簡單啊！」聽到霍伊拉這樣說，總經理興奮異常，談興勃發，廣告之事順理成章地安排給了霍伊拉。

霍伊拉找到了總經理身上的過人之處，那就是會開飛機，並依此對總經理讚美，使其因得到了肯定而內心愉悅，從而順利為公司拉到了廣告。由此可見，尋找、發現對方值得稱道之處，並依據這些亮點對其進行恰到好處的讚美，可以使對方感到愉悅並對自己產生好感，從而促進人際往來能順利進行。

每個人都希望得到別人的讚美，讚美是人們生活中不可或缺的營養劑，可以給人動力，滋潤心田。

讚美他人的關鍵是要找到對方值得稱道之處，讓我們的讚美貼切、自然。有些人很善於找到別人身上的優點，但因為沒有掌握住分寸，喋喋不休地讚美，這樣反而產生負面的效果。日本超級保險業務員原一平剛開始在人際往來中運用讚美時就犯了這方面的錯誤。

原一平到一位年輕的小公司老闆那裡去推銷保險。進了辦公室後，他便開始讚美這位年輕老闆：「您如此年輕，就當上了老闆，真了不起呀，在我們日本是不太多見的。能請教一下，您是幾歲開始工作？」

「十七歲。」

「十七歲！天哪，太了不起了，很多人在這個年齡時，還在父母面前撒嬌呢。那您什麼時候開始當老闆的呢？」

「兩年前。」

「哇，才做了兩年的老闆就已經有如此氣度，一般人還真沒有。對了，你怎麼這麼早就出來工作了呢？」

「因為家裡只有我和妹妹，家裡窮，為了能讓妹妹上學，我就出來工作了。」

「看來你妹妹肯定也很了不起呀，你們都很了不起呀。」

就這樣一問一讚，最後讚美到了那位年輕老闆的祖宗八代，越讚美越遠了。這位老闆本來已經打算買原一平所推銷的保險，結果因為原一平滔滔不絕的讚美而不買了。

後來，原一平才知道，本來那位老闆在聽到幾句讚美後，心裡很舒服、很高興，可是原一平後來說得太多了，沒完沒了的讚美搞得他由原來的高興變得不勝其煩了。

由此我們可以看出，對他人進行讚美時，要找出對方身上值得稱道之處並不難，關鍵是要依此進行適當的讚美，要適可而止，見好就收，不要將讚美之詞演變成老太太的裹腳布，又臭又長。這樣，就違背了我們讚美他人的本意。

讚美之詞要發乎情而止乎禮，讚美得恰到好處，使對方感到愉悅即可，若是一味地只顧讚美，則會使讚美失去原本的色彩，變得暗淡無光，也使聽者覺得索然無味。

例如，平時我們到朋友家中做客，看到客廳的沙發很是別致，並且以前聽朋友談起過這套沙發，於是便說：「呀，這套沙發真是好看，使整個客廳的氛圍都活潑了起來，算得上是室內裝修的點睛之筆呀。很少見這樣造型和顏色的沙發，價錢一定不便宜吧？」

這樣的話雖是帶有一定的客套成分，卻也是我們有感而發，但又點到為止，既讓對方臉上有光，又不顯得過分，並且將讚美之詞確實用到了對方自認為值得稱道之處，對方恐怕是想不開心都難。

總而言之，讚美之詞就如春風雨露，能給人能量，讓人愉悅。我們在人際往來中要善於發現別人值得稱道之處，並且依此適當地向對方表達出我們的讚美之情，以營造良好的社交氛圍與人際關係。

一句讚美，既不用花錢，也不會有所損失，卻能使對方得到無限的快樂，讓大家都喜歡你，何樂而不為呢？

借他人之口讚美異性

讚美的言辭若是經自己的口說出，在一些情況下會容易讓人覺得像是刻意奉承。

特別是在與異性交談時，若是將自己的讚美之情表達得太露骨，會讓對方覺得有刻意討好與誇張之嫌。這時，若是借助一個跳板，將自己的讚美之詞經由他人之口說出，則既可以達到讚美對方的目的，又能有效地避免刻意恭維、奉承之嫌。

在一般人的觀念中，總認為不在場的「第三者」所說的話是比較公正、實在的。因此，在讚美異性時，以「第三者」的口吻說出讚美的話，更能得到對方的好感和信任。

例如，一位男士與一位美麗的女士初次相見，可以這樣說：「早就聽誰誰說您的氣質不凡，今日一見，果然名不虛傳。」一位女士對一位男士表達讚美之情，可以這樣說：「經常聽我先生提起您，說您年輕有為、成就非凡，今天可算是讓我親眼目睹，果然所言不虛呀。」

這是借助對方認識的第三方表達我們的讚美，此外，還可以借助對方不認識的第三者讚美對方，這樣會使對方倍感光榮，很有面子。

一般來說，人受到不認識的第三者的讚美，比受到自己身邊的人的誇獎更為高興。

因為當我們聽到不認識的人也讚美自己時，會覺得在自己所屬的天地之外也得到了認可，從而感到異常歡欣，榮耀感進一步得到了滿足。例如說：「我們經理上次看到你，對你大加讚賞，說你很優秀，有一種卓越的氣質。」「我的一個朋友很看好你，說你有大才，將來肯定成就非凡。」

小吳是公司的公關部經理，一次，她負責與一位重要客戶任總進行洽

談。小吳早有耳聞這位任總的性格耿直，知道他不好溝通，於是先做了不少功課。

見面之後，任總果然氣勢逼人，好在小吳早有準備。見到任總後，小吳先說：「任總，您好，經常在媒體上看到關於您的報導，說您身上有一種『凜然正氣』，今日一見，果然威風凜凜！」

任總聽她如此說，微笑早已掛在臉上了，這時爽朗地一笑，說：「哪裡哪裡，過譽了。」

小吳一邊請任總坐下，一邊接著說：「您請坐。我也經常聽我們王總提起您，說您和許多經營者不一樣，不只是生意人，還是一位有為的企業家。每次提起，言語之中總是充滿敬意。」

任總此時早已卸下了防備，滿面和氣，不像剛見面時那麼嚴肅了，小吳也順利地完成了洽談。

小吳雖然身為公關部經理，但畢竟是位女士，對任總不便進行直接的熱情讚美，否則不僅可能達不到讚美的效果，反而還有可能讓對方覺得不夠莊重，產生反感，給雙方的溝通帶來障礙。借助他人之口讚美任總就是比較好的選擇，既加強了讚美之詞的感染力，又避免了風險，可謂一舉兩得。

另外還有一種借他人之口讚美異性的方法，就是在與對方要好的朋友面前讚美對方，直接借其朋友之口，將自己的讚美之情傳遞給對方。

例如，男士要讚美女性，則可以將讚美之言適度地說給她的閨蜜聽：

「誰誰真是不一般啊，巾幗不讓鬚眉，比男人都有本事，我對她很是敬佩！」

「她是我見過的最清新脫俗的女生了。」

而女士讚美男士，則可以將話說給他的哥們聽：

「你們那個誰誰挺不簡單呀，不僅博學見識廣，而且有那麼大的成就，真是讓人不得不佩服。」

「你那個朋友真是氣宇軒昂、英姿勃發。」

「某某不像那些油腔滑調的男孩子，是個實在人。」這樣，被讚美的人，他的好朋友一定會將你的讚美傳達給對方，進而從側面獲得對方的好感。

這種讚美適合那些你有心想要結交、但又不好意思當面直接誇讚的人，這時候不妨多在第三者面前讚美對方，這是表達讚美之意有效又中肯的方式。如果有一天，身邊的朋友對此人講：「某某經常跟我提起你，說你是位令人尊敬的人。」「某某經常在我面前誇你，說你不僅人長得漂亮，而且才華橫溢，將來一定大有成就。」相信聽者的愉悅與自豪感一定會油然而生，對你自然也就多了幾分信任與好感。那麼，你下次再和他交流時就容易多了。

由此可見，我們若想與異性朋友鞏固關係，加深情誼，不妨多在第三個人面前讚美對方，讓我們的讚美透過第三方傳達給對方，這樣，既避免了當面讚美可能產生的尷尬，又使得讚美的效果大大提高。

借他人之口讚美異性時要注意，讚美的程度不要超過普通朋友的界限，若是讚美得過了頭，則容易造成誤會，甚至使對方刻意疏遠自己。當然，若是對自己所讚美的異性有更進一步的想法，則另當別論了。

總之，在對異性進行讚美時，間接、直接借助他人之口說出讚美的話，會比從自己口中說出來更合適。

因為若是自己直接對異性讚美，對方出於一種自我防護的意識，或者為了維持謙遜矜持的形象，可能對你的言辭不會全信，甚至全部不信。

若是能巧妙地借助第三方之口說出自己的讚美之詞，則會使對方放鬆警惕，放下對我們的防備，坦然接受我們轉述的「他人的讚美」、或者由他人轉述的「我們的讚美」。

公開的讚美最令人激動

俗話說，好事不出門，壞事傳千里。雖然說話應謙遜低調，但對於讓自己頗為驕傲之事，人們還是希望被別人知道、甚至被別人稱讚。所以，我們若能找對時機、公開地讚美別人，則會正中其下懷，獲得意想不到的效果。

在公開的社交場合，由於參與交流的人較多，談話所產生的傳播效應也會較大。在這種場合下對他人的讚美也會更有分量，也比私下的讚美所獲得的效果更好。

朋友之間往往對彼此都有一定的瞭解，對彼此的優點也會相互肯定，這也是人們在大多數情況下只與朋友交心的原因。因為其他人的不瞭解，所以在公開場合對朋友讚美就成了必要。

對生活中的朋友公開讚美時，可以採用對比的方法，但最好把自己當做墊腳石，這樣既可以做到讚美朋友，又不會得罪被拿來對比之人。

例如：「我在這方面實在不太擅長，他就我厲害多了，你們別看他平時話不多，那是深藏不露，在行的呢！」「我是小人物當小咖慣了，沒什麼追求。小李可跟我不一樣，他是一個有理想、有追求的人，將來一定能成大事。」

但是也需要注意，這些讚美必須是對方真的超越自己的地方，否則，不僅聽的人會覺得你過於虛偽，有奉承之嫌，就連被稱讚的朋友也不會領情。

小劉喜歡上一個女生，但她總覺得小劉不是認真的，只是鬧著玩玩，所以一直是不冷不熱的，小劉為此很鬱悶。

可是突然有一天，這女生對小劉轉變了態度，不再若即若離的了，小劉喜不自勝，但又有些納悶，心想：「我做了什麼？是她突然想通了嗎？」小劉一直也沒弄明白是怎麼回事。

後來，女方的一位閨蜜告訴小劉，是小劉那天的話打動了她。小劉想了想，那天當著這位女生和一幫朋友的面，他說：「小青（女生名字）真是個好女孩，踏實善良，待人真誠，不崇尚物質，大家說是不是？……」

小劉當著大家的面，公開讚美自己喜歡的女生，讓女方真正感覺到了小劉的真誠，因此轉變了對小劉的看法。可見，公開的讚美更能打動人心。

對於家人來說，往往更需要公開的讚美。受傳統的風氣影響，家人之間在感情表達方面很拘謹，很少肯定的讚揚，多是否定的批判，特別是父母對於孩子。

在一些公開的場合，有些大人總是會說：「你看那誰誰家的孩子，人家怎麼怎麼樣。」這不僅會對孩子造成長久的負面影響，而且會比較難以塑造孩子積極的人生觀。因此，公開地讚美孩子，給予其正面的肯定是必要的。

對孩子公開地讚美會使讚美的分量加大，並且加大對孩子正面的影響。我們可以在公開場合說：「我們家孩子最近懂事了不少，會經常主動幫我做家事。」「我女兒一向很能自主學習，這是我比較欣慰的一點。」或者說：「兒子，今天鄰居在誇獎你呢，說你不僅有禮貌，而且還樂於助人。」

另外，對家庭中其他成員公開地讚美也是必需的，這還是一種調節家庭氛圍、加深感情的好方法。

《紅樓夢》裡有王熙鳳的一個例子，非常值得我們借鑒。

黛玉初進賈府，在賈母房間見過各位長輩與姐妹，王熙鳳見到黛玉，便讚歎道：「天下真有這樣標緻的人物，我今兒才算見了！況且這通身的氣派，竟不像老祖宗的外孫女兒，竟是個嫡親的孫女，怨不得老祖宗天天口頭心頭一時不忘。只可憐我這妹妹這樣命苦，怎麼姑媽偏就去世了！」

王熙鳳是賈府中炙手可熱的人物，她的權勢多半來源於賈母的寵信，所以王熙鳳行事說話時時刻刻都依據賈母的愛憎好惡，揣測其心理。對黛玉的讚美既將賈母捧到了至高的位置，又襯出了對黛玉的誇讚，還不忘顧及賈母的孫女們，可謂是公開讚美他人的典範之作。

對於同事，當我們在公開場合對他們加以讚美時，除了要以我們自身為跳板、烘托他們之外，還要注意不要涉及敏感話題，更要兼顧四方，不要因為讚美一個人而無形中得罪另一個人。為了能在公司中工作順利，一定要將讚美之詞說得客觀而中正，才能為我們的人際關係加分。

除此之外，在對上司讚美時，要以眾人的語氣說出讚美之語。

有人想要透過讚美上司贏得上司的好感，於是抓住機會表達自己的讚語，直接對上司說「我覺得您怎樣怎樣」，這樣的稱讚其實是一種既不高明而又帶有危險性的說話方式。

因為這樣說等於是把上司放在了被你評判的位置，上司需要你來「評判」嗎？答案顯然是否定的，上司需要的是眾人的肯定和讚美。

所以，高明的讚美要以眾人的語氣說出。例如，「大家都說您的這項決策對提高公司的效益很有幫助」、「同事們都說您領導有方，使我們能夠早早地完成了這個計劃，也為我們爭取到了獎金」，等等。這樣的讚美才能讓上司受用，也更加樂於接受。

另外需要注意的是，在以眾人的語氣向上司表達讚美時，必須確定自己所說的觀點符合實際情況，可以進行一定的語言修飾，但大體方向不能與實際有出入。

否則，若是顛倒黑白地亂說，早晚會有露餡的時候，那時就會使自己陷入難堪境地，違背了當初想要讚美的本意。

總而言之，公開的讚美會使被讚美者產生更高的榮耀感，滿足感更大。但也需要一定的說話技巧，掌握了這種技巧，將能讓我們在人際往來中更加如魚得水、遊刃有餘。

用讚美接話，處處都受歡迎

要讚美對方身上確實值得稱道之處，才能夠使自己的讚美顯得真誠而恰到好處。

您是在哪兒學開飛機的？總經理會開飛機還真是不簡單啊。

經常聽我先生提起您，說您年輕有為，成就非凡，今天終於見到本人，果然所言不虛呀！

在與異性交談時，若是將讚美經由他人之口說出，既可以達到讚美對方的目的，又能有效避免顯得刻意恭維之嫌。

人對於自己頗感驕傲之事，都希望被人知道，甚至讚美，我們若能找準時機對別人公開讚美，會有意想不到的好效果。

我在這方面實在不太擅長，他比較厲害，大家都說他唱得比原唱還好！

讚美越具體越好

抽象派的繪畫往往讓人很難一下就說出它的好，它的美是需要領悟的。而寫實派的繪畫則讓外行能一眼看出像與不像。這一規則放到接話方面也同樣適用。

抽象的讚美，像是「你很好」、「你不錯」、「你很優秀」等，這些話雖是對他人的全面讚美，但總讓人感覺不太受用，甚至有敷衍之嫌。

若是能將讚美具體化，讚美對方的某一方面，效果會馬上大不一樣。

例如說，「你對色彩的感覺很細膩，衣服搭配的顏色總是讓人賞心悅目」、「你對待工作的態度真是認真」、「你的邏輯思維能力真的讓人嘆服」等，如此，對方立刻就能聽出你的讚美之意，同時將你的讚美化為信任與認可，最終達到愉快交際的目的。

所謂具體，就是指言之有物。與其泛說「久仰大名、如雷貫耳」，不如說「您上次主持的討論會表現之好，真是令人印象深刻」等話，直接提及對方的具體工作。

若想恭維別人生意興隆，不如讚美他推銷產品的努力，或讚美他的業務手腕；泛泛地請人指教是不行的，應該擇其所長，集中某點請對方指教，如此對方一定高興得多。

再者，讚美的話一定要切合實際，例如到別人家裡，與其說一些空洞的恭維話，不如讚美房子佈置得別出心裁，或者讚美他們的寵物乖巧可愛，或者讚美對方最近的工作表現等，這比說上許多無謂、虛泛的客套話，效果更佳。

李鴻章在清朝位居中堂，位高權重，朝中官員都想討好他，好讓他多多提攜自己。這一年，李鴻章的夫人要過五十大壽，這對於那些想討好他的人來說自然是個大好時機，壽辰未到，這些人就開始行動了，生怕自己落在別人後面。

這個消息傳到了合肥知縣那裡，知縣覺得這是拉近和中堂大人距離的絕佳機會，也決定備一份禮送去。但他一個小小知縣，囊中羞澀，中堂大人什麼沒見過，若是禮送得輕了，等於沒送，送貴重的又送不起。知縣一時不知如何是好，很煩惱，於是便請師爺前來商量。

師爺看透了知縣的心思，胸有成竹地說：「這好辦，您交給我。保證一兩銀子也不必花，而且送的禮會讓李大人刮目相看。」

「是嗎？送什麼禮物？」知縣一聽，喜不自勝。

「一副壽聯即可。」

「壽聯？這，能行嗎？」

師爺說：「您儘管放心，這事包在我身上。保管您從此飛黃騰達。這壽聯由我來寫，您親自送去，請中堂大人過目。」

知縣滿口答應。

師爺寫好後，知縣就帶著壽聯上路了，日夜兼程趕到了北京。到了李鴻章夫人壽辰這一天，知縣跪到中堂大人面前，將壽聯雙手奉上。

李鴻章順手接過，打開上聯：

「三月庚辰之前五十大壽。」

李鴻章心想：「這叫什麼句子？也敢拿來獻作壽禮？且看他下句是什麼。」於是，李鴻章又打開了下聯：

「兩宮太后以下一品夫人。」

「兩宮」指當時的慈安、慈禧，李鴻章見「兩宮」字樣，不敢怠慢，連忙跪了下來，命家人擺好香案，將此聯掛在《麻姑獻壽圖》的兩邊。

這副壽聯深得李鴻章的賞識，李鴻章自然對那合肥知縣另眼相待，稱讚有加。而這位知縣也因此官運亨通了。

合肥知縣的這副壽聯沒有泛泛誇讚中堂夫人是如何高貴，而是直接以兩宮太后做比，既具體翔實，又不偏不倚。太后是何等的尊貴，以此來襯托中堂夫人的地位，既生動具體，又簡單明瞭，可謂高明。

接話時，讚美越具體，就越能體現我們的真誠與所說的話的真實性，因而增加可信度，當然也就更能打動別人。

小李與小王是同事，他們同時喜歡上了公司的一名女同事，兩人都使出渾身解數對其百般討好，希望自己能贏得對方的芳心。由於兩人性格不同，採取的方式也不盡相同。

小李是個心思細膩的人，每每見到這位女同事就針對其特點做具體的讚美，例如，「妳今天的衣服顏色很襯托妳的氣質」、「你耳環的顏色搭配得很漂亮，我也喜歡藍色」、「你的項鍊是蒂芙尼的嗎」，等等，使女同事每天見到他，臉上都堆滿了笑意。

而小王則是個大咧咧的人，總是鮮花攻勢，讚美的話也多是「妳今天真漂亮」、「妳氣色不錯」等空泛的言辭。

最後的結果當然是細膩的小李贏得了女生的芳心，最終抱得美人歸。

小李的讚美都是具體的，而小王則是泛泛地對整體加以讚美。把兩人放在一起對比，小李的讚美就好比每次都找準一個點用力，小王則是把勁使在一個面上，自然是沒有小李的讚美有力度和深入人心。

由此可見，讚美是越具體越好。越具體，就顯得我們對對方越瞭解，讚美之言也更加可信。

總而言之，人人都喜歡來自他人的讚美，但不一定所有的讚美都會讓聽者喜歡。

事實證明，相對於虛泛的空頭讚美，具體的讚美更能讓被稱讚者受用，並因此對讚美者產生好感。

所以，當我們讚美他人時，要儘量使讚美之言言之有物、具體詳實，能讓對方有跡可循，這樣才能使讚美完全發揮其功效，為我們營造良好的人際關係。

反語讚美的方法與效果

反語是指運用與自己原本要表達的意思相反的言辭，表達出對他人肯定的評價。簡言之，就是用反面言辭表達正面的論點。

反語讚美往往比正面讚美取得的效果更好。例如，某製藥廠的廠長讚美一位藥劑師大膽實驗、大公無私的獻身精神時，說道：「為了減少藥物的副作用，在正式投產前，你長期泡在實驗室裡，對新藥不擇手段、搶吃搶喝，在自己身上反覆試驗，我這個廠長真是拿你沒辦法。」

像這種用反語讚美他人的方式，不僅令人感到幽默有趣，而且從反面加強了讚美的力度，使聽者感到如沐春風。

那麼，如何具體運用反語對他人進行讚美呢？下面我們將透過幾個例子來進行說明。

一次，小林去參加同學聚會，餐會上，一位老同學舉著酒杯朝小林走來，邊走還邊說：「你這個傢伙，在學校時就那麼優秀，什麼問題都難不倒你，現在都工作了，還是像以前一樣，你就不能謙虛點，給別人留些活路啊？時不時地也偷偷懶，別那麼勤奮、那麼能幹行嗎？」

幾句話，雖是帶著嗔怪的語氣，但是明眼人都明白這是在誇讚小林。小林聽了心裡也喜滋滋的，於是順著這位同學的話說：「好，我知道錯了，我一定聽從你的訓誨，把這個臭毛病給改了。」在場同學們全都報以會心的微笑。

這是在同學和朋友間運用反語讚美對方的例子。從這個例子我們可以看出，朋友間的讚美大可隨意一點，若是正兒八經地向對方表示讚美，反倒會顯得很做作、假惺惺，似乎背後藏著什麼不可告人的目的似的，令人不舒服。用反語讚美對方既不會讓彼此感到彆扭，還能達到很好的幽默效果，與平常常見的讚美方式相比更具特色，令人耳目一新。

老郭在一個公司擔任總經理，手下有兩三百人由他指揮。由於老郭在國外進修過ＭＢＡ，又是從底層一步步升到今天這個位置的，所以很有一套自己的管理方法。他認為，讚美是對員工最大的激勵，而且越是不常見的讚美越有效果。

公司有位業務員小呂，工作非常有熱忱，常常為了工作放棄休息，甚至有時候假日也不忘為公司招攬業務。

老郭便故作嚴肅地對他說：「小夥子，為公司招攬這麼多業務是不是想把公司的業績全包下，讓你拿獎金分紅啊？你野心夠大的呀！我警告你，工作是公司的，身體可是自己的，該休息就休息，別妄想著把你的健康也介紹進公司工作，我可不答應。」

小呂聽後，會心一笑，回答道：「經理教訓的是，我一定改正『錯誤』，請經理放心。」說罷，兩人相視而笑。

老郭運用反語對小呂進行讚美，既不像一般普通的「嗯，幹得不錯」、「很好」等那麼平淡而又有敷衍的成分，又能讓對方感到親切隨和，在讚美對方的同時拉近了彼此的心理距離，同時還產生了幽默的效果，可謂一舉三得，委實高明。由此也可看出，在對下屬表達讚美時，運用反語此一說話方式往往效果更好、顯著。

要注意的是，用反語的形式對他人表示讚美，要在特定的環境和背景下才可使用，脫離了一定的環境，可能就不能發揮其特有的效果。例如，運用反語表示讚美的方式本身就具有一定的幽默色彩，不適合在莊嚴肅穆的場合中使用。

老宋是個有點大男人主義的人，平時在家裡都是說一不二的，但不幸因為車禍去世了。

小梁是老宋的外甥，來參加舅舅的追悼會，他想安慰舅媽，順便討舅媽的歡心，就說道：「舅媽，您節哀啊，人死不能複生，當心自己的身子。」聽到這裡，小梁的舅媽還是挺受用的，心裡多少得到點安慰。

但是小梁接下來的話卻把這點安慰全說沒了，他說：「要說這也怪您太溫柔了，如果您也像孫媽媽那樣是個母夜叉，管住舅舅，他說不定就不會出這個車禍了。」

小梁的舅媽心裡本來就難受，一聽他這樣說，心想：「你說這不冷不熱的話是來看我的笑話的嗎？」頓時感到厭惡，冷冷地對小梁說：「你工作忙，還是早些回去吧，別在這兒耗時間了。」

小梁本來是想讚美舅媽溫柔賢慧的，但是卻因為在這種場合錯用了反語讚美的說話方式，使自己的話偏離了本來的用意，讓對方不但沒能領會到他的安慰之意，反而感覺到他的不友善，替自己造成了不必要的人際損失。

首先，在比較嚴肅的場合，說話內容和語氣都應該符合現場的氛圍，反語讚美的幽默性根本就不適合用在這裡。

其次，在這種時候，小梁的舅媽本來就很傷心、敏感，小梁的話很容易讓人理解為奚落與嘲笑。

所以說，反語讚美是高效益、高風險的說話方式，要充分辨清楚形勢才能出口，否則，若是像小梁這樣不分場合地亂用，最終可能會造成與預期相反的結果。

總之，運用反語表示讚美的表達方式屬於劍走偏鋒，使用得當會有特殊的效果，贏得滿堂彩；若是使用不當，獲得意料之外的反面效果也是有可能的。

所以，接話若想運用反語出奇制勝，就要保持清醒的頭腦，縱觀全局，分辨出環境是否合適，這樣才能達到預想的效果，使讚美的語言發揮獨特的魅力。

背後比當面讚美更有效

由於人際往來的需要，人們當面評價他人時免不了會說一些恭維話、客套話。而在私下背後的時候，言論中的評價才是自己心裡最真實的想法，這些想法可能會與在他人面前講的話不盡相同，甚至還可能產生為當面所說的話翻供的欲望，或抱怨，或指責，或憤怒，甚至「反動」等，這是人之常情，處於人際關係中的人幾乎都對這個現象心知肚明。

所以，有時人前的場面話，別人只是一聽而過，大多不會當真。對於透過「小道消息」等其他途徑傳入自己耳中的言論倒是分外在意，認為這種言論的可信度更高，對自己來說也更有價值。

因此，若是能經常在背後讚美他人，則會大大增加讚美之詞的可信度，使讚美之語更能打動人心，同時也更容易增加對方對你的好感與認可。

例如，在《紅樓夢》中有這麼一段描寫：史湘雲、薛寶釵都勸賈寶玉做官為宦，賈寶玉大為反感。一次，他對著史湘雲和襲人讚美林黛玉說：「林小姐從來沒有說過這些混帳話！要是她說這些混帳話，我早和她生分了。」

湊巧這時黛玉正來到窗外，無意中聽見了賈寶玉說自己的這些話，不覺又驚又喜、又悲又歎。這使寶黛二人的心理距離更近了，他們因此互訴衷腸，感情大增。

對於林黛玉來說，賈寶玉在史湘雲、薛寶釵和自己三人之間單單讚美自己一個，已是讓她感動不已。而這些讚美的話又是他在明知林黛玉不能聽見的情況下說的，越發顯得難能可貴。若是當面對她講這些話，雖然受用，但依林黛玉的性格，難免會因將自己與他人相比而有所猜疑，所產生的效果肯定會大打折扣。

由此可見，背後的讚美往往能有意想不到的效果。當面說人家的好話，對方可能會認為只是出於客套；而當我們的好話是在背後說時，則會給人一種真誠可信的感覺，並因此對我們心存感激。

假如我們是在其他同事和上司都在場的情況下讚美上司，既會讓同事們覺得這種行為是在討好上司，拍馬屁，又會讓上司覺得你是在做「面子」，目的是讓上司覺得你比其他同事更優秀，甚至還會讓上司覺得你不顧其他同事的感受、跟同事不團結。

所以這種當面的歌功頌德往往效果甚微，甚至還會引發反面的效果。與其如此，還不如將溢美之辭在上司不在場時講出來，既可避免當面讚美的負面效應，又能使我們的讚美更可信、更有分量。

在生活和工作中，背後說人壞話、詆毀別人的人是小人，而背後讚美他人則是光明磊落的表現，這樣的人無論是在生活中、還是在工作中，往往能得到他人的敬重。

王導是一名非常著名的導演，他為人很隨和，做導演卻極富個性；另一位著名的導演方導，同樣是一位很有個性的導演。因為兩位導演都很出類拔萃，經歷又有些相似，所以大眾媒體常常把他們二位放在一起作對比。

一次，王導在媒體的要求下談及方導時，對其作出了這樣的評價：「方導是一位非常出色的導演，我跟他的特點在於，我們都保持自己的個性。這種個性別人可以不喜歡、不欣賞，但他從不妥協，他保持他的個性。而在我們這個圈子，這樣的導演很少。不能因為方導的作品沒有得獎，就說這說那的，我覺得這是一種短視。」

相信方導聽到這段話後，一定會感歎王導是他的知音，感受到對方的惺惺相惜。試想，若是這段話是王導當著方導的面講出的，所達到的效果恐怕就沒有那麼好了。

方導會認為，王導對自己的讚美之言在某種程度上是為了彰顯他自己的高風亮節與胸懷坦蕩，也是為了大家的臉面。

而當王導在方導不在場、而且有可能聽不到這段說辭的情況下，給予方導的個性與作品充分的讚美，就大大提高了其讚美之情的純度，同時也使自己的人格顯得更加高尚、可敬。

世上在背後道人閒話者不少，讚美他人者不多，人們心裡對此大都一清二楚。聽到別人在背後說自己的閒話，會覺得不足為奇，但若是聽到別人在背後讚美自己，那就完全值得激動了。

所以，在日常交流中，如果想讚揚一個人，不妨在這人背後向他的朋友和同事讚揚其一番。

直接讚美的力度有時會使對方感到意猶未盡，或者不過癮，甚至過些時間再回想起來，還可能演變為虛假的恭維，而背後讚美則可以避開這些當面讚美的不足。

所以，多在背後讚美你要讚美的人，能使你與對方的關係更加融洽。假如，有一個人跟你說：「誰誰誰經常跟我說，你是一位熱心的人，古道熱腸，很有俠者風範。」相信這時你的心裡會感到有一股暖流，頓時溫暖許多。

我們何不多在背後讚美別人呢！這樣既可以讓他人感到愉悅、開心，又可以為我們的人際關係加分，贏得一個好人緣。

Chapter

6

面對棘手的請求，如何接好拒絕的話

說話留餘地，歧義拒他人

一位著名作家生病了，人們爭相去探望，但她不願意聽那些膩得如吞了大碗肥肉、重複了千百次的安慰話，於是將「謝絕探訪」的牌子掛於門口。

不僅如此，她還主動打電話給一位要來看望她的朋友：「聽說你要來看我？」

「是、是，今晚就去。」朋友說。

「可是……我動手術的那個部位實在不方便讓你看到呀！」

朋友啞然失笑，決定不去探視了。

像這樣用歧義拒絕他人的方法，不單單是名人、作家可以巧妙運用，普通人也一樣能夠巧妙使用，而且同樣能收到很好的效果。

一對青年男女在一起工作，男孩漸漸對女孩動了心。女孩雖然能夠感受到男孩對她的愛戀，但她並不想跟男孩發展成為男女朋友，只想保持長久的友情。

一天，男孩準備向女孩表白。女孩從他的表情中已經看了出來，在男孩表白之前便做好了準備。

男孩：「我想知道，妳是不是喜歡……」

女孩：「哦！我喜歡你借給我的那本書，忍不住看了兩遍，還是意猶未盡。」

男孩：「難道妳感覺不到我喜歡……」

女孩：「我知道你也喜歡那本書，以後我們交換一下心得吧。」

男孩：「妳有沒有……」

女孩：「這麼巧呀，難道你也是這樣想的？」

男孩：「……」

這位女孩運用有歧義的話三次中斷了男孩原本想說的話題，使男孩明白了她的想法，於是不再問。這比男孩直接表白、而女孩當面予以拒絕的效果要好得多。

用歧義拒絕他人最關鍵的一步就是了解對方的心理，能夠「未聞全言而盡知其意」。

然後，從容應對，用對方話語中的歧義搪塞對方的要求，間接地拒絕了別人，還不會傷到彼此之間的感情。

拒絕時要會欲抑先揚

一般來說，各位還可以用下面一些話來表達拒絕之意。

「這真是一個好點子，只可惜由於……我們不能馬上採用，等時機對了再討論吧！」

「這個點子太好了，但是如果只從眼下的這些條件來看，卻不太可行，我想我們以後肯定是能夠用到的。」

「我知道你是一個體諒朋友的人，如果你不是信任我、不認為我能完成這件事，那麼你是不會來找我的，但是我真的沒有時間，下次如果有什麼事情，我一定會盡我的全力來支持你。」

⋯⋯

有時別人會在比較急迫的情況下求助於你，但是你確實又沒有時間、沒有辦法提供幫助的時候，一定要考慮到對方的實際情況和他當時的心情，避免讓對方惱羞成怒，造成相互之間的不愉快。

那麼應該怎麼做呢？首先我們可以表現出積極的態度，闡明自己需要忙完之後，才能處理對方現在必須立即辦好的事，此時他就會另找別人了。

某學校的表演團有個小提琴手叫小玲，經常隨團進行演出。一次，一位朋友對她說：「我特別喜歡你的演奏，很想到現場欣賞，只可惜售票處的票已經賣光了。」

小玲手頭既沒有票，又不願因這件事費更多心思，所以不想答應朋友的請求。但是，小玲沒有直接回絕朋友的請求，她只是先承後轉，然後才拒絕了朋友的請求。她平靜地對朋友說：「真遺憾，我手上也沒有票了。不過，你可以坐我在大廳的座位，如果你覺得可以……」

朋友喜出望外：「在哪裡呀？」

小玲答道：「不難找——就在小提琴後面。」

生活中，我們常有這樣的經歷：當別人還未向你提出要求時，你可能就知道對方的目的，可是卻不好當面拒絕，這時，你就可以採取「欲抑先揚」、「以攻為守」來拒絕對方的要求。

例如，朋友找你借錢，這個時候你可以在對方說出請求之前，先於他們說出請求：「這麼巧呀！正好碰到了你，我最近手頭有點緊，不知能不能……」

對方如果知道你這樣的情況，自然就不會再向你開口借錢了，可能他還會懊悔自己找錯人了呢！

小李從一個朋友那裡借了一台相機，一路不停地把玩。途中遇到了小趙，小趙有個毛病，就是見到朋友有新奇的東西後，就想借去先玩玩。這次，他看見了小李手中的相機，馬上便有了興致。不管小李怎樣說，小趙依然不肯放棄。

小李靈機一動，故作姿態地說：「好吧，我可以借給你，但你不可以再借給其他任何人，你做得到嗎？」

小趙一聽，正合自己的意思，於是連忙說：「當然，當然。我一定會做到的。」

「絕不失信！」小李追加一句。

「絕不失信，失信還怎麼做人！」

此時，小李斬釘截鐵地說：「我也不能失信，因為別人也是這樣要求我的，所以不能把這台相機外借。」

聽到小李的這句話後，小趙目瞪口呆，便不好再強求下去。

運用巧妙的語言委婉地拒絕他人，不但能使對方容易接受，同時還能給自己留個台階下。這樣就沖淡了彼此間因拒絕而產生的尷尬和不快，不但能減少誤會，還會使對方信任、欣賞你。

巧妙拒絕，不傷和氣

巧妙地委婉拒絕他人，不但能使對方較為可以接受，同時也給自己留個台階下。

老同學，你們一定要採用我發明的這個技術，因為……
這真是一個好點子，只可惜由於……，我們無法馬上採用，等時機到了，我們再來討論。

週末就別窩在家裡了，跟我去釣魚。
其實我也喜歡釣魚，但自從結婚之後，我老婆就讓我的週末消失了！

直接拒絕太生硬，可以用「太太」、「老闆」等第三方當成擋箭牌。

無關緊要的不同意見，可以含蓄點說。

這電影真不錯吧？打鬥得還真激烈！
比起這部，我還是比較喜歡溫暖一點的電影。

拒絕異性時應講究分寸

在兩性關係上，如果已經決定拒絕一段感情，那麼絕對不能在與對方溝通時表現出模棱兩可的態度，以免讓人誤解。

拒絕對方時，下面這樣的話是不能說的：「請不要這麼衝動，我最近心情不好，沒有心思談感情。」這樣對方會產生「等你心情好了之後，也許會考慮」的想法。

也不要說「不要這樣，別人看到不好」，這只會使人覺得你是在害羞而已。

如果無法接受對方的感情，就應該態度友善並誠懇地告訴對方，既不傷到對方，又可以讓對方不再糾纏。

在小說《簡愛》中，當簡愛的表哥牧師約翰向她求愛時，哪怕牧師曾經救過她，而這時的簡愛也確實很孤單，但她非常清醒：友情不等於愛情。她說：「我答應做為你的傳教伴侶和你同去，但卻成為不了你的妻子，我不能嫁給你。」

對約翰來說，或許他會痛苦一時，但簡愛的言語真誠而友好，他也只好退讓。

大多數情況下，作為主動方的追求者，往往是克服了極大的心理障礙，鼓足勇氣才說出自己的感情。如果遭到斷然拒絕，很容易感覺自己受到了傷害，甚至痛不欲生，或是用一些不可取的手段，以撫平自己的感情創傷。因此，在拒絕時，態度一定要真誠，言語也要謹慎。

有的時候，拒絕對方時，不妨採用委婉的方式，既可達到目的，又能給雙方保留面子，避免不愉快的後果發生。

小倩與林華已經分手了，可是林華幾天後又找到了小倩的公司。小倩婉拒道：「我現在正忙，實在抽不出時間，真對不起，請回吧！」

下班後，小倩發現林華等在公司的門口，於是買了一個泡泡糖遞給他，說了幾句話之後就走開了。小倩的這一舉動，使林華猛然醒悟，知道小倩是在借物喻人，借泡泡糖的易破來拒絕他的單戀，林華也只好真正罷手。

有的時候，男女雙方經過一段時間的相處後，才會明白彼此不合適，然後提出分手。這時，不要把事做絕。因為不見面、不打電話、不再有任何聯繫，會讓對方一下子跌落到失望的谷底，甚至會痛不欲生。

男女朋友在分手的時候，雙方一定要理性，要幫助對方理解、接受這個事實，重新面對生活。也不要把話說絕，電話還是可以打，但是要慢慢地淡下來，話題可以限縮在日常生活裡的事情，而不再含有濃情蜜意。漸漸地，對方便能接受這個事實。

有一位女孩跟男朋友分手後，男朋友把過去幾年來與她合照的照片細心地挑選出來，然後一天一封信、一張照片，試著去重新打動女孩。

女孩很感動，打電話告訴男孩：「你這樣做我很感動，不過我必須向你坦白，這樣是沒有用的……我真的很抱歉。」

女孩帶著淚水說完這些，她的態度使男孩心平氣和地接受了事實。

其實，在拒絕他人時，果斷拒絕的方式適用於外向、開朗的人，婉轉而真誠的方式適用於擔心受到傷害的內向性格的人。

一走了之或者把話說絕是不可取的，應注意別人的感受，這樣可以使對方少受傷害，自己也會較為安心。

學會委婉地說「不」

假設別人有求於你，而你出於各種原因不能接受，但又不能直接拒絕，怕因此傷害對方的自尊心；或者假如對方提出一些看法，你不同意，既不想講違心之言，直接反駁又不合人情；或者若是你看不慣對方的行為，既想透露內心的真實想法，又想盡力委婉，以免刺激對方……

要想處理好上述人際往來中經常出現的情況，就要學會巧妙委婉地拒絕，見機行事。

1 假託直言

直言是對人信任的標誌。但是多數情況下，直言因逆耳而不能獲得預期的效果。

在這種情況下，要拒絕、制止或反對對方的某些要求、行為時，可以用一些不受自己控制的理由來回絕，這樣對方就會比較容易接受。

例如：某報社的推銷員登門請求你訂閱他們發行的報紙，但是你不想訂閱。你可以彬彬有禮地說：「謝謝。你們的服務很周到，但是，報紙我們真的已經有了，請諒解。」

2 反覆申訴

你到商店去買東西，由於購物的人多，店員一時疏忽少找了錢，你跟店員提出後，店員因記不清而跟你爭執了起來。這時你要以一種平靜的聲音，講出店員是如何少找給你錢的，直到弄清事情的來龍去脈。下面這段店員和客人的對話就是一個很好的例子。

客人：小姐，妳少找給我五十塊錢。
店員：不會吧，錢都是當面點清的。
客人：我相信你都是這樣做的，可是這次妳真的少找我錢了。
店員：你有發票嗎？
客人：有（拿出發票），你看，就是差了五十塊錢。
店員：（看發票）兩雙兒童靴是吧。
客人：是的，妳再算算，就是差五十塊錢。
店員：是不是放在妳的口袋裡面？妳是不是掉在哪兒了？
客人：不會的，口袋真的已經掏過了。
店員：現在沒法結算，等晚點打烊時我們結算，你來一趟好嗎？
客人：好，到時妳會發現的。

3 模糊應對

如果由於某種原因不願意、或不便把自己的真實想法告訴對方，便只能模糊地應對對方。例如：

在醫院裡，一位重症病人問醫生說：「我的病是不是很重，還有康復的希望嗎？」

醫生回答：「你的病確實不輕，但是經過治療，安心養病，慢慢會好的。」

這裡的「慢慢會好」就是模糊語言。這「慢慢」是指多久是說不清的，但這恰好給病人希望，而希望便是給病人的最大安慰。

4 熱心應對

熱心地表現出希望能幫助到別人，並表示理解，但是實際上是心有餘而力不足，請對方諒解，而不直接拒絕，這也是一個比較好的辦法。例如：

客戶要求電信局來安裝市內住家電話，但電信局由於太多申請，無法馬上一一滿足，卻又不能完全回絕客戶。回答時，應表示同理，並熱心地說：「滿足客戶的需求是我們應盡的責任，可是由於申請件數較多，無法全部立即都裝好，我們正加快速度，請您耐心等待。」

5 旁逸斜出

針對對方提出的問題給予迴避性的回答，即可避免直接去否定對方。

例如：

星期天你的妻子說：「你可以陪我去看舞台劇嗎？」

但你不願去，可以這樣說：「去看電影怎麼樣？」

這種方式比較能使對方接受，對方也可能會同意你的意見。

大膽地說「不」

錢鍾書先生曾把時下流行的祝壽、紀念會和某些所謂學術討論會一概拒之門外，並一連說出七個「不」，以表心跡：「不必花些不明不白的錢，找些不三不四的人，說些不痛不癢的話。」錢老夫子以從不媚俗的口氣，該拒則拒，絕不留情。

曾有位女士對林肯說：「總統先生，你必須給我一張授銜令，將上校授予我兒子。」

林肯看了她一下。女士繼續說：「我提出這個要求並不是在求你開恩，而是我有權力讓我能這麼做。因為我祖父在萊辛頓（Lexington）打過仗，我叔父是布拉斯堡戰役中唯一沒有逃跑的士兵，我父親經歷過紐奧爾良的槍林彈雨，我丈夫犧牲在蒙特雷（Monterrey）。」

林肯沉思以後說：「夫人，我想你一家為報效國家已經做得夠多了，現在是把這樣的機會讓給別人的時候了。」

這位女士本想讓林肯因其家人在戰場上的功績，為其兒子授銜。林肯清楚對方的來意，卻故意裝糊塗。

恰到好處的拒絕，既有利於自己，也有利於別人。例如，在職場上，做為領導者，你不可能什麼事情、什麼情況下都能滿足部屬的要求。有些人在時機對的情況下沒能說「不」，於是到頭來把雙方都傷害了，造成人際關係受損。

有人說，如果想真正瞭解一個人，就請注意他拒絕別人時的樣子，這是一個人的全部。「不」不僅體現一個人的性情，也表現出這個人做人的標準。在該說「不」的時候大膽地把「不」說出口，是一種境界。

說「不」的策略

有一個樂手受邀去一個夜總會工作，他嫌薪水低，打算立即拒絕這份工作。但念及過往時曾受對方照顧，不便斷然拒絕，便心生一計，先說些笑話，然後一本正經地說：

「要是能夠幫助夜總會生意興隆，即使奉獻生命，在下也在所不辭。」

此時夜總會老闆自然還是一副笑臉，樂手立刻嚴肅起來：

「你覺得什麼地方好笑？我知道你笑我。你看扁我，不尊重我，我們的協議就算了吧，再見！」

這樣，樂手假裝生氣，轉身便走，老闆不知該怎麼辦，雖心生悔意，但為時已晚。

在生活中，面對不喜歡的對象，要趁其不備敲擊他一下，以便打退對方。

若缺乏機會，不妨參照上例，製造機會，先使對方興高采烈，然後趁對方缺乏心理準備，便突然說出藉口後離開，以此達到拒絕的目的。

有這樣一個例子：

二十世紀六〇年代，某大學的教室裡正在上課，一群激進的學生闖了進來，讓教授不知所措。當著班上學生的面，教授想顯示一點寬容和善解人意的風度，於是打算先讓他們講出觀點後再來說服他們。結果與他的善良想法完全相反，激進的學生趁機向他提出許許多多的問題，徹底將課堂搞亂，再也上不成課了。並且在這之後，只要他上課，就有激進的學生出現在課堂上，這種情形一直延續了一年。

從這個教訓中，教授明白，若無意接受對方，最好別想去說服他們。對方一開口就應該阻止他們：「你們這是妨礙教學，離開我的教室，與課堂無關的事，讓我們課後再說！」

假如再發生一次同樣的事，教授能否應付呢？就算他顯示出了拒絕的態度，學生們也會與他爭辯。如果不去聽學生的質問，一開始就掌握主動權，至少不會給對方以可乘之機，也不至於弄得一整年時間都無法好好上課。

Chapter

7

接好上司的話，在職場才能一帆風順

善於拒絕上司的難題

在工作中，我們總會遇到一些來自上司的要求，假如你確實力不能及而不得不拒絕時，一定不要立刻表示不可接受，而要先謝謝上司對你的信任和看重，並表示很願意為他效勞，再含蓄地說出自己愛莫能助的困難。如此，雙方都可以接受，不至於把場面弄得很僵。

下面有這麼一個例子：

「小楊，請你今天晚上把這個講稿打字出來。」經理指著一疊起碼有一百多頁的稿子對秘書小楊說。

小楊聽後，面露難色，說：「這麼多，怎麼打得完？」

「打不完嗎？那請你另謀輕鬆的頭路吧！」可能經理正在氣頭上，於是，小楊被「炒了魷魚」。

小楊的被「炒魷魚」實在使人惋惜。但是，這是能夠預料得到的，像她這樣生硬、直接地拒絕上司的要求，給上司的感覺是她在反抗，不聽從指示，毀了上司的威信，被「炒魷魚」也就在所難免了。實際上，她可以處理得更靈活些。

例如，她可以馬上搬過那一堆稿子，埋頭就打字起來，等打了一個小時後，把打好了的稿子交給經理，再含蓄地說出自己的困難。那麼經理一定會很滿足於自己說話的威力，並意識到自己要求的不合理之處，進而加長時限，這樣，小楊就不至於被解雇。

秋高氣爽，有人或許想利用這段黃金時間整修自己的房子；工作之餘，又另外在經營網路社群……此時，你的主管卻要你去遠方出差，執行另一項工作，是拒絕呢，還是心不甘、情不願地礙於情面，勉強答應下來呢？

很明顯，勉強答應下來的結果就是敷衍，即使工作完成了，也不一定能讓上司和自己滿意。這時，最好的選擇是拒絕。

可是如何拒絕才能不讓自己難堪，又不使上司對自己失去信任呢？

以下有幾個作法可以參考：

1 不可一味地加以拒絕

雖然拒絕的理由冠冕堂皇，但是上司可能仍堅持非你去做不可。此時，你便不能一味地拒絕。否則，上司會以為你只是在推辭，因此懷疑你的工作幹勁和能力，因而對你失去信任。以後在工作時，也會有意無意地使你與機會失之交臂。

2 拒絕的理由一定要充足

首先，設身處地表示自己對這項工作的重視，表示自己願意接受的想法；接著，再表明自己的遺憾，具體說明自己不能接受的原因。

例如：「我有個緊急工作，一定得在這兩天趕出來。」這樣，充分的理由、誠懇的態度一定可以得到上司的理解。

3 提出合理的變通方法

對上司所交代的事，你不能答應，又無法拒絕，此時，你可得認真考慮，千萬不可怒氣衝天、拂袖而去。

你應該與上司共商對策，或者說：「既然如此，那麼過幾天，等我手上的工作告一段落就著手做，您看是否可行？」

另外，你也可以向上司推薦一位能力相當的人，同時表明自己一定會去為他提供點子、意見。

　如此，你一定能進一步贏得上司的理解和信任，也會為你今後的工作鋪開一條平坦的大道，因為上司也是和你一樣有血有肉、有感情、也是曾經做過下屬的人。

恰當回應上司的責備

不管是什麼人，也不管你是什麼人的下屬，都會有受到老闆責備的時候，此時，大家心裡都會不舒服。但是，假如老闆當面責備你，你就怒氣衝天、臉紅脖子粗、衝動行事，事後肯定會後悔。

因此，當你想要發脾氣時，最好在心中默想：「等一等！」而這句「等一等」，就是讓你忍耐的意思。

無論是什麼人，自己的心情不能被別人的訓斥所擾亂，而要保持彈性、保持冷靜，挨罵時只要低頭認錯就好。

下屬被上司斥責是必然會發生的事，但是上司被下屬反駁卻是一件難堪的事。既然上司已經指責了，還是幹乾脆脆地認錯吧！這才是下屬應有的態度。

例如：

小王大學畢業不到一年，現在是某公司的一名職員。

某天，主管拿著一份檔案要他傳給另一家公司的宣傳部，小王照著做了。哪知，第二天，主管怒氣衝衝地走進了辦公室，當著眾多同事的面大聲地斥責小王：

「你是怎麼做事的？讓你傳給他們公司的宣傳部，你卻給傳到另一家公司去了！」

小王一下子就傻了，他回憶了一下，確認主管昨天交代的的確是自己傳的那家公司，他想一定是主管記錯了。可是，看著主管憤怒的臉，小王沒有辯解什麼，而是主動承擔了責任：「對不起，實在對不起！都怪我辦事太急躁，本想抓緊時間辦好，沒想到反而犯了個大錯。我一定會記取教訓的，保證不會有第二次了！」

說完，他立刻重新傳了一份過去。幾天後，小王被叫到了主管的辦公室，主管很誠懇地跟他道了歉，說自己那天因為著急錯怪了小王，並誇獎小王年紀輕輕就明白忍辱負重。從此，小王在主管心目中的地位得到了大大的提升。

主管也是人，也有犯錯誤的時候，特別是在工作中，很有可能會因為忙亂和著急而誤會了你。這時，你一定要記住：千萬不要當著眾人的面反駁上司。因為，上司需要保持一定的威信和顏面，即便他錯怪了你，你也不能當眾讓他下不了台。你應該暫且把責任承擔下來，等上司明白過來，發現自己誤會了時，自然會為你當時的忍辱負重而感謝你。

這樣接話，上司才會接受反對意見

有時會出現這樣的情況：與上司談話，明明上司不對，自己很想指出，卻往往容易陷入「是堅持事實、還是顧及上司的面子」的這種艱難選擇中。

其實，每個上司都需要下屬提出正確的意見。因為任何一位上司都不是萬能的神，他們不可能解決所有的問題，因此，上司需要下屬經常提出好的意見和看法，以便能做出正確的決定。

「董事長，您剛才說的觀點完全不對，我覺得事情應該這樣處理……」

「董事長，您的辦法我不贊同，我認為……」

這樣的溝通方式首先就否定了高層全部的意見，所以，上頭一開始就對下屬產生了排斥心理，自然，後面的觀點他也就根本聽不進了。

如果能抓住上司意見中的某一處大力加以肯定，再提出相反的意見就比較容易被上司接納。

因為你一開始肯定上司某些有價值的意見，就打開了進入上司腦中意見庫的大門。例如：

「董事長說得對，在××方面，我們的確應當重視，這是解決問題的前提之一。此外，我認為，我們還應當……」

後面接著提出觀點，再指出不這樣做的後果，讓上司意識到你的觀點確實是可行的。

發言結束之時，一定要記住強調你提出不同意見的出發點。

例如說：

「因此，我認為，如果真能這麼做的話，解決這個問題是非常容易的，公司也能更好地發展。」

這樣講之後，上司會意識到你最終的目的是為了公司的利益，也就是所有人的利益。

如何接好上司說的話

若是對主管的指示有個人不同的看法，或有更好的方式時，要婉轉地提出，最好是能說出自己具體的建議和根據。

張主任，這次行銷宣傳就按這個計劃做。
經理，您的想法我能理解，不過我認為這樣做可能會好一點。

李小姐，今天把這份文件全部打字出來、印好給我。
經理，這裡還有一份同樣重要的會議記錄要整理出來，我可以先趕完這份文件，再打您的文件嗎？

當老闆交給你無法即時完成的工作時，不要生硬地拒絕，而是要用誠懇的態度說明無法完成的原因。

向主管匯報工作時，要注意刪繁就簡，用最短的時間，讓主管瞭解問題的重點。

不錯，簡單明瞭。

怎樣讓上司同意你的觀點

一般來說，下屬不應與上司爭辯。但為了公司的利益，也為了讓上司和自己能好好地工作，有時在與上司意見不同時，有必要把自己的觀點表達出來。

但是，如果接話時與你的上司有了爭辯，這時想要讓上司贊同你的想法，則有必要掌握以下的原則和溝通方法。

1 心平氣和

心理專家史密斯是專門教人如何去爭取升遷的，他如此說：「如果你氣勢洶洶，只會使上司也大發雷霆，所以，首先要做到心態平和。」

另外，不要一次發洩所有不滿。3M公司的董事長衛斯理說：「若一個員工看上去對公司的一切都消極不滿，那上司就會認為要讓他滿意是十分困難的，甚至認為他也許該另謀高就。」

2 看準時機

在向上司提出不同意見之前，可以先向他的助理或秘書打聽一下他的心情怎樣。如果他心情不佳，就不該再提要求。

例如：上司公務繁忙時，不要找他；午餐時間已到，他卻依舊在忙碌之中時，不要找他；休假前夕或度假剛返回公司上班時，不要找他。

3 設身處地

「要想成功地與上司交談，理解他的工作目標和其中的苦衷是極為重要的。」某位顧問說，「假如你能把自己看做上司的夥伴，設身處地替他想一想，那麼，他也會自然而然地思考你的觀點。」

商學教授羅伯特曾引用過某電影公司一位程式設計員和他上司爭吵的故事。那時，他們為了一個軟體的問題，兩邊爭論得僵持不下。

羅伯特說：「我建議他們交換一下角色，以對方的立場再進行爭辯。五分鐘之後，他們就明白了自己可笑的行為，兩個人都不禁大笑起來，接著，他們很快找出了解決的辦法。」

4 說清問題

有時候發生激烈的爭吵是因為上司和下屬都不瞭解對方心裡在想些什

麼。演說教練威德說：「有時候，問題一旦講清楚，兩方的爭執自然也就沒有了。因此，下屬一定要把自己的觀點講得簡單明瞭，以便上司能夠清楚理解。」

克萊兒在紐約市財政局局長手下辦事多年，兩人就很少爭執。但是，當她認為重要的事情遭到局長否定時，她就把自己的觀點寫在紙條上請上司思考。她說：「這種行為，有助於說明問題，並且也很有效。」

5 提出建議

紐約大學醫學中心的精神病學副教授諾曼說：「你的上司要關注的事情已經很多了，所以，若你不能想出行之有效的解決辦法，至少你也得提出處理問題的建議。」

Chapter 8

這樣接客戶的話，沒有談不成的生意

貪小便宜型客戶，讓一些利益給對方

面對一些愛貪小便宜的客戶，最好的方法是談話的一開始就告訴他：「我們的產品能替你省錢，絕對能給你一些優惠！」

這種類型的客戶總是希望天上能掉下餡餅，做買賣一定會大賺錢。愛佔便宜的人不管在人面前裝得有多大方，內心真實的想法還是希望能將產品便宜賣給他們，甚至最好是免費送給他們。

關於產品到底是什麼樣的，能給他們帶來多大的好處，他們往往是放在其次的，根本沒把產品介紹放在心上，他們在乎的僅僅是價格——越便宜越好，最好不花錢就可以擁有。當你給他們一些優惠的時候，他們對你的態度便會來個一百八十度大轉彎。

有家大鞋店生意一直不是很好，老闆一籌莫展，價格已經降得很低了，可還是冷冷清清。

在和一個朋友聊天的時候，朋友給他出了一個點子：製造一場轟動效應，讓顧客「限時搶鞋」。

具體規則是這樣的：事前先胡亂擺放一大堆新鞋，不分左右，不分尺碼，在限定的時間內誰能把一雙鞋找齊，這雙鞋就歸誰。

第二天，老闆便做了如此安排。只見，隨著老闆一聲令下，一大群顧客爭先恐後地衝進來，在鞋堆裡瘋狂地亂翻起來。

看到這樣的場景，老闆的臉上泛起了得意的微笑。活動結束，老闆當場把鞋子給顧客打好包，還說：「以後這樣的活動還會常做，希望大家來捧場。本店的鞋子品質好，物美價廉！」

雖然我們不能像這個老闆這樣做，但可以去領會這種掌握顧客心理的精神，給顧客一些小便宜，也許更能達到自己的目標。

面對愛貪小便宜的客戶，銷售人員不要有求必應，不能客戶說什麼就是什麼。

當發現客戶有得寸進尺的傾向時，最好馬上打斷對方這種不切實際的想法，就說：「公司有規定，我不能這樣做。」或者說明你不能再降價或免費贈送的理由。

說話的時候要柔中帶剛，儘量讓客戶理解你和公司的苦衷。說完這番話，接下來再給他一點甜頭，讓他感覺自己仍然是佔了便宜，這樣下單就不成問題了。

脾氣暴躁型客戶，用自己的真誠回應

脾氣暴躁的客戶大部分缺乏耐心，性格上多半有以下特點：一旦出現任何的不滿，不管大小，立即會表現出來；沒有什麼耐性，總是喜歡靠侮辱和教訓別人來抬高自己；自尊感極其強烈，渾身上下充滿了濃濃的火藥味。

在業務工作中，我們會發現有很多這樣的客戶。他們的脾氣暴躁，經常因為一些小事就對業務人員發火。

阿東就遇到過這樣一位脾氣很火暴的老總客戶，因阿東的一句話沒說對，讓他大為生氣。打電話時，他很生氣地對阿東說：「我不在你們公司訂票了！我不是在你們公司還有很多點數嗎？把那些點數全部給我兌了，跟你們公司沒什麼好往來的了，全結清！」還讓阿東不要再來煩他，連見面拜訪的機會都不給。

後來阿東登門拜訪，說了很多好話，才勉強留住了這位大客戶。

面對凶巴巴的客戶，很多業務人員摸不著頭腦，大多採取敬而遠之的態度，即使想做，也是無從下手。

首先，我們來看看脾氣暴躁的人內心是怎麼想的。其實，這些脾氣火暴的人大都不是什麼有惡意的人。

脾氣暴躁的人常常眼睛裡容不得沙子，在是與非、對與錯上觀點異常鮮明。

脾氣暴躁的人愛發火，但是發火之後常常後悔得要命，可是以後照樣還是會大發雷霆，後悔並不能阻止他們下次發脾氣。

也就是說，脾氣暴躁的人是不大能好好地控制自己的情緒，控制力較弱。脾氣暴躁的人往往嫉惡如仇，通常不會耍什麼花樣，所謂「直腸子」指的就是這類人，例如李逵、張飛等英雄好漢。

因此，完全沒有必要把這類客戶看成什麼洪水猛獸，反倒應該去信賴他們，這些人才是生意上真正可以信賴的好朋友。和這類客戶往來的時候多注意一些細節問題，應該是很好合作的。

面對這類客戶，最好的做法是讓他們逐步提高控制情緒的能力。不妨用自己的真誠和為人處世的小技巧積極引導他們，讓他們覺得自己是一個受過良好教育的謙謙君子；委婉地提醒他們不要隨隨便便生氣，這樣有失君子風度；把「小不忍則亂大謀」、「平常心」灌輸給客戶，相信一定會感動他們。

在和這類客戶接觸的過程中，儘量不要刺激對方，努力滿足他們合理的、或者可以理解的要求。在一些不值一提的小事上能忍則忍，退一步海闊天空。

只要在是非問題和重要策略上保持自己的觀點就可以了，至於其他不太重要的問題，只要客戶說的是對的，無論大小，我們都不要狡辯搪塞，因為那樣是不可能蒙混過關的。

總之，對於那些沒什麼耐性、脾氣暴躁的客戶，請以一顆平常心來對待，不要因為對方的盛氣淩人而屈服，也絕對不能逢迎諂媚，這兩種態度都會讓對方看不起你。正確的態度是真誠無欺、不卑不亢，用自己充滿魅力的言語去感動對方。

節約儉樸型客戶，讓對方感覺物美價廉、經濟實惠

有時候，我們會發現一些非常節儉的消費者，他們不僅捨不得購買高價位的產品，對符合自己心理價位的產品也是處處挑剔，多年以來的節儉習慣讓他們拒絕的理由也是五花八門，讓人意想不到。

最近，自稱具有業務實力、能力很強的小李遇到了難題。

他以前面對的都是爽快的客戶，可現在到了另一家公司任職後，出現了一些新的問題，不知道如何解決。

他說了這樣一件事：「有位特別節儉的客戶，我真的不知道該怎麼面

對，他不僅會算計，還很會討價還價，每天跟我在電話裡、公司、服務現場談，讓我感覺像是待在一個菜市場裡，買菜似地討價還價。這種感覺快要讓我發瘋了，我真想大吼幾聲！」

老闆笑著說：「小夥子，不要著急嘛，你可以跟他講明白我們產品的實際價值，告訴他，這些東西已是賣他最低價了，並且適當給他製造點危機感。不信的話，讓他自己調查調查。」小李一個頭兩個大，從老闆辦公室出來就打電話給這個客戶。

有這樣經驗的業務員一定不在少數，畢竟這個世界上真正的有錢人不多，節儉也是傳統美德。

應對這種類型的客戶其實很簡單，就像小李的老闆所說的那樣，餵他們吃一顆定心丸，保證「百病無憂」。

如果各位常和這類客戶打交道，就會發現他們並不是那種一毛不拔的人，他們只是花錢花得謹慎，認為錢就要花在刀刃上。只要能激發他們的興趣點，讓他們感覺到物有所值，賣東西給他們也不是很難。

在和這類客戶談時最好著重強調一分錢一分貨，指出商品的特點和價值所在，告訴客戶，產品售價中還包含了許多其他的構成要素。

請記得把產品的成本、使用期限、投資報酬率告訴他們，並強調高報酬率才是重點。要幫客戶搞清楚價格的差別不是錢，而是報酬率。

只要能夠循循善誘，讓客戶明白這個道理，他們就會很爽快地打開錢包。

如果客戶以價格太高拒絕購買，還可以進行分次推銷，把一次推銷任務化整為零，以減少客戶在價錢方面的壓力。

花錢要花得值得，相信各位也是這樣認為的，何況是要從客戶的口袋裡掏錢。業務人員不僅要控制自己的心理，還要學會掌控客戶的心理。只要能讓客戶感覺自己的錢是花在了刀口上，我們的目的也就快實現了。

怎樣接好客戶的話

跟節儉型客戶洽談時，最好強調一分錢一分貨，指出自家商品的特點與價值所在。

這種配置的機器，已經是最低售價了。畢竟一分錢一分貨啊。
你們的價錢太高了，我還要考慮考慮。

我覺得還不錯，但是……
不然我們先簽個協議書，這樣我們也好先準備準備，讓貴公司早日受益。

面對猶豫不決的客戶時，可以採用「假定成交」的方法，促使對方下決心簽約。

您看起來就是見多識廣，這點小伎倆完全逃不過您的法眼，不過……
這種叫我們辦會員年卡的招數，你以為我不知道啊？

面對自視甚高型客戶時，可以採用讚美的方式，最好帶一點幽默感。

小心謹慎型客戶，沉著應對，步步為營

小心謹慎的客戶簽約率通常比較高，越是這樣的人越容易成為你的合作者。

這樣的客戶對一個業務人員來說，簡直就是一塊寶。因為怕上當的心理，他們往往會很認真地聽你說話，用心聽、用心想，有不明白的問題會馬上提出來，生怕自己稍有疏忽，就上當受騙。

這種客戶極度謹慎和理智，因此也會很挑剔。相對來說，他們更在乎細節，對事物的準確度和真實資料十分關心，很在意事情的真相，非常留心商家的可信度，談話的時候會不斷提醒自己要小心謹慎。

這些心理上的特徵決定了他們的購物行為。在買東西的時候，他們往往慢條斯理、小心翼翼，生怕上當吃虧。

因此，業務人員一定要給他們留下好印象，盡力把他們爭取過來。例如說，在這些客戶面前你要有一種把自己放在顯微鏡下的窘迫感，客戶小心謹慎，你要比客戶更小心謹慎。

小心謹慎的人往往都很精明，精明的客戶也可以分為兩類：「盡責型」和「執著型」。針對這兩種不同類型的客戶，我們的銷售方法也要因人而異。

1「盡責型」客戶

多數買家和財會人員屬於這種類型。

他們的老闆在雇用他們的時候，很大一部分原因是他們的性格就是小心謹慎的，具體表現為懷疑、挑剔、善於分析問題，所以這些客戶很難對付。

在接觸這類型客戶之前，最好對其詳細地瞭解，盡可能把握他們的心理，以達到讓其動心的目的。最好是讓他們有安全感，讓他們知道你是在認真傾聽、認真瞭解。

「盡責型」客戶喜歡跟那些冷靜、細心的人打交道。從你一進門，他就會仔細觀察你的所有細節，包括你的衣著得體與否，公事包裡的檔案放置整齊與否。他們很在意這些小細節，也希望來和他們洽談的業務人員注重細節和效率。

所以，業務人員的推銷介紹風格應當是嚴謹的，說話要緩慢，吐字要清晰，認真回答客戶提出的任何問題。對客戶來說，越詳細越好。你不說，客戶會覺得你是不可信賴的。

切記：「盡責型」客戶最厭惡的是一見面就想促成交易的業務人員。和這類客戶做生意，與其說是一件事，還不如說是一個過程，需要你去慢慢引導對方，以促成最後的簽約。

2「執著型」客戶

和「盡責型」客戶相似，這類客戶做事也喜歡認真仔細，但相對來說更執著一些。

他們不願意和道德水準低的人打交道，除了安全感，還要注意不能給他們壓力。

最好是從心理學的角度去理解這類客戶的行為，這樣會有幫助的。和這類客戶打交道有個重要的原則，那就是不要太著急，你越是著急，客戶越反感。

要學會「忍字訣」，允許客戶反覆比較，更不能在他們面前議論其他產品或供應商。做為一個「正人君子」，他們很不高興在背後說人壞話。

因此，業務人員要做到不說無法實現的諾言，不做模棱兩可的保證，還要少說空話，給客戶可靠的印象。

在實際的操作中，各位可以順著客戶的思維節奏，儘量把自己想表達的事情講清楚，不時摻雜一些專業性話語，並借助輔助工具、圖示證據、事實案例來加以說明，以增強客戶的信心。

記住：各位接觸到的每一位謹慎的客戶，都是「會下金蛋的雞」，是以後業務生涯的堅實基礎。想讓雞生蛋，那就得餵雞吃好的糧食。

對客戶不能撒謊，不能強迫客戶買不需要的東西，更不要掩蓋事實的真相，否則，小心「翻船」。

猶豫不決型客戶，利用危機感使其快下決心

劉先生現在是一家外銷成衣廠的業務員，經常要跟客戶打交道。他在業務工作中發現有些客戶總是猶豫不決，眼看著生意馬上就談成了，但過幾天竟然毫無音信了。他說：「雖然我明明知道我的客戶需要我們的產品，客戶也知道我們的產品很不錯，我的服務也不差，但是談了很久，仍然是一副猶豫不決的樣子。我真煩惱，怎麼才能讓這些猶豫不決的客戶快點做決定呢？」

讓我們先從心理的角度分析一下這些猶豫不決的人的特點。

這些人大多情緒不是很穩定，忽冷忽熱，對一些事物的看法往往沒有

什麼主見，但是喜歡反向思考，總是盯著事物壞的一面，而不去想好的一面。

如何應對這樣的客戶呢？針對他們的心理特點和性格因素，既然他們不能快速做決定，那麼就想辦法催促他們。

你可以告訴他「這個計劃非常適合你，如果現在不做，將來肯定會後悔」等具有強烈暗示性的話，讓對方產生危機感，迫使其盡快下決心。

儘量與客戶之中那些比較富有主見的人溝通，讓有主見的人去帶動猶豫不決者的情緒。

面對猶豫不決者，洽談的時候，很有可能會遇到不同程度的障礙，如果不能設法促成對方做出最後的決定，生意必然是「大事化小，小事化沒了」。

要解決這些問題，我們可以嘗試使用下面這些方法：

1 假定客戶已同意簽約

這個技巧主要還是攻心為上。當我們發現客戶露出購買信號、卻猶豫不決時，最好假設客戶已經在按我們的思維做決定。

例如客戶想做一個網站來宣傳自己的產品和企業形象，但是他對網路瞭解得不多，不太明白上網對公司有多大的好處，仍在猶豫，不知道這樣做合不合適。

這時，業務人員就可以對這個客戶說：「×總，您看是先做5頁，暫時先把您的網站建起來，然後再根據效果增加網頁數，或者還是一次把您的網站全面建好？既然要擴大貴公司的宣傳力度，要做就做最好的！錢並沒有差太多！您怎麼認為？」

這樣，客戶考慮的就不是做不做，而是怎麼做的問題，無形中已經同意做這個網站了。

這種二選一的商討方法模糊了客戶的視線，從而可以順利地達成協議。

2 幫助客戶挑選

還有一些客戶就算確定了要合作、有意要做成這筆生意，但不立刻簽約，而是在一些細節問題上打轉。

這時，不要急於談簽約的事，要幫助客戶挑選會令他最滿意的產品，並設身處地為他著想。等到客戶挑選好了，簽約的時候也就到了。

3 欲擒故縱

如果客戶優柔寡斷，雖然對產品和服務很有興趣，也解決了他的所有問題，但就是拖拖拉拉，遲遲不肯做決定。

這時，不妨故意做出一副收拾東西、馬上就說再見的樣子。一般情況下，這樣的行動會促使那些真正想買的客戶做出決定。

但也要注意這種方法只能適用於競爭不是很激烈的情況，否則真的離客戶而去，可能會適得其反，被別人趁虛而入。

4 拜師學藝

當你費盡口舌，「用盡方法」，二十八般「武藝」統統無用，眼看這筆交易無法做成的時候，不妨試試這個方法。

你不妨這樣說：「×總，我知道這樣的業務對貴公司很重要，也許是我的能力太差，沒辦法說服您。不過在放棄之前，我想請您指出我的錯誤，能否讓我有個提升的機會？」

以謙卑的口吻說出誠摯的話語，很容易滿足對方的虛榮心，也許還能緩解兩方之間對抗的狀態。他如果願意「指點」你，在鼓勵你的時候，說不定就有簽約的機會。

5 建議成交

這些話富有一定的技巧性，也許能促使客戶快速簽約。記下來，也許真的很有用！你可以說：

「既然一切都定下來了，那我們就簽個協議吧！」

「您是不是在付款方式上有疑問？」

「如果您有什麼疑問，可以向我詢問！」

「先簽個協議吧，這樣我們也好開始準備為您服務，讓貴公司早日受益。」

「如果現在簽協議，您覺得我們還有哪些需要準備的？」

自命清高型客戶，讚美對方，順便帶點幽默感

隨著財富的增長和地位的提升，人也會越來越自信。業務人員面對這些客戶又該如何應對呢？

跟這類客戶在談生意的時候，經常會出現這樣的情況：你剛說了一個開頭，還沒有進入正題，他就忍不住了。他會說：「這種事情，沒什麼特別的，每家不都是這樣嘛！我早就知道了！」

即使你還想跟他詳細說明情況，他也不願再聽下去了。很顯然，客戶這種輕率冒失的舉止往往直接導致交易失敗。

舉例來說：你和客戶正在洽談交涉中，客戶只聽了一部分貨物的價格和銷售情況，就不願意再「浪費時間」了，他會認為全部貨物都是如此。

結果到簽合約的時候，他看到以後的貨物價格遠遠高於開始討論的價格，立刻就會反悔。你費了很多心血建立起來的關係就這樣泡湯了！

不僅如此，客戶還會指責你，認為是你在故意含糊其詞，你該負起全部責任。

實際上，很多情況下是這些「清高」的客戶自作聰明、虛榮心作祟，不完全瞭解情況就認為生意談成了。一旦交易失敗，他們不從自身找原因，還會以一些有利於自己的理由為自己的失誤找回面子。

業務人員面對這種自以為是的客戶，最好的策略是從他們的個性和心理下手，掌握他們的行為模式。在和這類客戶洽談時，絕對不要拐彎抹角，能說的話儘量都告訴他們。

請記得，這些客戶的癥結是：他們只憑直覺辦事，過於相信自己。不要讓他們在正式簽約時找一些不是理由的理由來反悔，這樣不但耽誤你的時間和精力，也影響你的業績。

在和自命清高型的客戶交涉時還要注意：如果你不知道客戶對合約條

款或者細節的理解程度，最好簡明扼要地向他們解釋清楚。雖然開始多花點時間，但是能保證成交順利。

在和這些客戶接觸的時候要學會恭維和讚美，最好還要有一點幽默感，而不能直接批評、挖苦他們。

如果想打開這些客戶的心門，最好瞭解他們特別的喜好。清高的人必然有特殊之處，像是愛好琴棋書畫。投其所好，但不能阿諛奉承，讚美要真誠，儘量不多說一句廢話。

自命清高的人最怕、最欣賞的是和他一樣清高的人，所以，你不妨也「清高」一些，不要囉唆，要找對他的弱點，一舉攻破！自命清高型客戶，讚美是屢試不爽的秘密武器。

一位身材高挑的美女走進一家服裝店，她試了很多件衣服，但總是不滿意。看到這位美女站在鏡子前感歎衣服不合身，深諳銷售之道的老闆憑經驗判斷，很可能是這位美女沒有挺直身子。她走到這位美女的身邊對她說：「您的身材這麼好，穿什麼衣服都不會難看，再試試這件，也許更適合您。」一邊說，一邊遞給美女一條裙子。

聽了老闆這番話，美女換上裙子，直起身來重新打量了一番試衣鏡中的自己。她感覺自己亭亭玉立的身材配上這條飄逸的裙子真是漂亮極了。老闆說：「真賞心悅目啊！我沒想到您穿上這條裙子會這麼漂亮。」美女看著鏡子裡窈窕的身段，滿臉都是燦爛的笑容。

成功的商人談生意有一個很重要的訣竅：談論對方最引以為榮的事情。找出客戶自認為驕傲的地方，當面告訴他們這點很值得欣賞，客戶一般都會「愛上你」。

就像上面那個喜歡別人誇讚的美女一樣，她在老闆的甜言蜜語中滿心歡喜，不知不覺就掏錢買下了裙子。如果能恰如其分地恭維客戶，對客戶說奉承話，他絕對會喜歡你的。

事實上，越清高的人，越喜歡聽奉承話。熟練地、恰如其分地說奉承話是銷售人員需要學習的一門功課。

對這種自視清高型的客戶，要多強調自己的產品最適合像他這樣的「高端消費者」使用，滿足客戶的成就感，對其表示肯定，萬萬不能隨便貶低他，更不可揭他的底。

要順著客戶的心理說話，給他多一點奉承，他對你就會多一份認同，讓他感歎：「我終於找到了一直在尋求的知己，原來就是你啊！」多給他灌輸一些你的產品為他帶來的優越感，產品才有可能被這些清高的客戶接受。

如何讚美一個人，這也是一門學問。最重要的是「虛實結合」，讚美必須「確有其事」，理由充分。

「拍馬屁」最忌諱的就是毫無根據地奉承一個人。沒實據的話不僅會讓這些自視清高的客戶感到莫名其妙，還會讓他們覺得你不實在，是個油嘴滑舌沒品位的人。一旦發現了你的「小詭計」，必然會觸發他們的防範心理，從而導致推銷陷入僵局。

所以，銷售人員在讚美客戶的時候要把握好分寸，不能流於諂媚，也不能貶低自己，而要儘量讓客戶看到你的誠意。

沉默型客戶，引導對方開口

做為銷售人員，我們有時會碰到這樣的客戶：他們性格內向，不愛說話，在整個推銷過程中往往表現得很消極，對銷售人員很冷淡。他們的沉默有時甚至足以將銷售人員完全擊潰，以至於在遇到他們時，很多銷售人員都感到很無奈。他們就是沉默型客戶。

這種客戶的嘴巴怎樣掰都掰不開，使得我們只好厚著臉皮一個人唱「獨角戲」，即使如此，無論我們是在介紹產品、還是公司，他們都一言不發。

他們就那麼沉默著，聽我們說，而我們卻猜不出他們的心裡到底是感興趣、還是排斥，甚至從他們的表情中也找不到一點線索。面對他們，即使我們有再多的銷售絕招，也一個都用不上。

更讓人無奈的是，如果為了打破僵局，我們頻繁地主動向他們發問，他們會更加沉默。我們越主動，他們的「無聲的抵抗」就越持久，直到我們的嘮叨使他們感到不耐煩，他們便開口說：「別再多費唇舌了，請回吧。」這樣，我們期盼的交易還沒開始就結束了。

那麼，沉默型客戶為什麼不開金口呢？

一般來說，客戶保持沉默的心理原因主要有這些：怕一開口便給銷售人員一種自己想買東西的誤解，擔心銷售人員死纏爛打，給自己帶來麻煩；怕自己吃虧，所以對自己不太懂的產品採取儘量少說的策略，讓銷售人員多說，以便摸清底細；本身就具有沉默的個性；討厭銷售人員；心情欠佳。

從這些原因中我們可以看出，沉默型客戶雖然不愛說話，但並不表示他們真的不願意與我們交談。只要我們能把握住他們的心理，為他們創造出適當的說話機會，那麼他們還是願意向我們敞開心扉的。

例如，我們可以提一些他們感興趣的話題，引導他們開口說話，待他們開口說話後，除了要認真傾聽外，還要注意讚美他們，給他們及時、積極的回應，這樣他們才能感覺到與我們談得來。

小G在剛做業務人員時就碰到過一位沉默型的客戶。

這位客戶經營著一家有名的糕餅店，小G在拜訪這位客戶時，對方正忙著糕點的包裝。他望了一眼小G，一句話也沒說。之後，小G在店內站了很久，仍然無法與這位客戶有任何交談，不得已他只好放棄推銷的念頭。

不久之後，小G再次來到這家糕餅店，這次他改變了策略。他走進糕餅店，向正在做糕餅的客戶買了幾塊糕餅，然後拿出一塊糕餅當場吃起來，接著開始引導客戶：「老闆，你家的糕點真好吃，是你親手做的嗎？用的都是優質砂糖吧？」

聽了小G這些話，客戶便微笑著說：「沒錯，我們店從不使用劣質的糖。外皮是不是很好吃？那是我親自烤的，不像別家店用機器烤的那樣淡然無味。做生意不完全是為了賺錢，如果為了賺錢而用料不足，不但會影響店裡的聲譽，也對不起自己的良心。哦！我想起來了，你上次好像來過，你是做什麼的呢？」

「我是推銷××的，今天就是想來買些餅，因為我的客戶很喜歡吃你家的餅，所以我想買些送他！對了，您對××有興趣嗎？」

客戶稍微想了一下，然後說：「有點興趣。這樣吧，你晚上再來一趟，到時候我們再談好了。」

在這個例子中，小G知道做糕餅是該客戶最熟悉不過的事，而糕餅能得到客戶的認可、也是對方最引以為傲的事。

於是，他順應客戶的心理，先用糕餅引起話題，使沉默型的客戶有話可說，另外，他積極回應客戶家的糕餅好吃，這就使客戶的成就感得到了滿足。

透過這些，小G成功地打破了與客戶的僵局，之後再透過引導，使客戶主動提出談生意的事，這樣小G離成功地把產品推銷出去就不遠了。

遇到一些一言不發的客戶，我們無法知道對方究竟在想什麼，的確很難應對。此時，我們不妨多瞭解一下對方的情況，從他關心的話題入手，引導他開口，並最終引導至銷售產品上來。

嘮叨型客戶，讓他把話說完

所謂的嘮叨型客戶，就是指那些說話滔滔不絕的客戶，往往是我們說一句，他們應十句，似乎我們的每一句話都打開了一個「泉眼」，這個「泉眼」不停地向外冒「口水」，怎麼堵也堵不住。

嘮叨型客戶向我們滔滔不絕、一吐為快，雖然增加了我們推銷的難度，但是只要我們弄清這一類客戶的心理，之後再採取相應的推銷策略跟客戶交流，相信還是可以找到推銷的突破口的。

通常，客戶滔滔不絕的心理原因主要有三種：第一種是有賣弄的欲望，喜歡在業務人員面前炫耀；第二種是尋求擊敗對方的滿足感，喜歡在交談中占上風，直到把對方「打」得大敗而歸；第三種是發洩情緒，說出心中的很多不如意，使自己的心情得到舒緩。

不難看出，嘮叨型客戶無論具有以上哪種心理，我們都不能去與對方針鋒相對，否則客戶必然會感到不快，最終拂袖而去。

既然針鋒相對不行，那就試著順應客戶的心理需求，適當地保持沉默，讓客戶把話說完，做客戶的忠實「聽眾」。

事實上，在嘮叨型客戶面前保持一定的沉默是一種有效的業務策略。這樣，一方面能滿足客戶的表現欲，或使客戶的情感得到宣洩；另一方面，也可以給我們自己更多的時間和空間來思考與客戶談話的內容，以便抓住客戶的需求點。

H是某日商公司的業務員。一次，業務經理將一個難纏的客戶交給了他，並說這個客戶很愛嘮叨，很多業務員在與他交談時都插不上嘴，最後都鎩羽而歸。H非常自信地接過任務，說自己保證能搞定這個客戶。

H並不是吹牛，他確實有自己的一套。

他來到這位客戶家裡，發現對方是一位老人。一見面，對方就開始滔滔不絕地說起了自己的往事，甚至還有一些家裡的事。H並沒有急於推銷自己的產品，也沒有打斷對方，而是微笑著傾聽著老人講述。一個小時過去了，對方還在滔滔不絕地講著，而H看起來並不著急，甚至對對方講述的事情表示出濃厚的興趣。

就這樣，整整兩個小時之後，老人終於停了下來，轉而問H：「小夥子，你有什麼要說的？」H見時機已到，便說：「先生，我帶來了一些新上市的優質產品，其中可能有您用得著的。」

「那好吧！你有什麼產品？我都買了。」對方說。

從這個例子中可以看出，有時候沉默往往是最好的推銷策略，尤其是面對一個嘮叨型客戶時，我們閉上嘴巴，比與客戶爭奪話語權更明智。

當然，需要注意的是，我們的沉默並不只是不說話那麼簡單，也不是把客戶的話當作耳旁風，而是一種尊重客戶、真誠聆聽的表現。這要求我們做到以下兩點：

1 真誠聆聽，適時回應

沉默不代表我們不去聽客戶的話。我們不但要聽，還要適時透過表情或簡短的語句作回應。

適當的回應能夠激起客戶繼續談話的興趣，也會使客戶感覺到我們在關注他們說的話，進而使其有興趣與我們繼續溝通交流。這樣不僅會增加銷售機會，而且還能獲得更多的客戶需求資訊。

2 尊重客戶，避免打斷

在聆聽客戶談話時，我們要給予客戶充分的尊重，不要隨意打斷客戶，也不要加入其他話題或者糾正對方。

我們認真聆聽的態度會給客戶留下好印象，並使客戶受尊重的自豪感油然而生，反過來他們會更加信任並尊重我們。

在推銷過程中，業務人員不應只是滔滔不絕地介紹自己的公司或產品，而應注意聆聽，聆聽客戶對產品的需求，讓客戶幫助我們改善我們的產品。

尤其是在遇到講話滔滔不絕的客戶時，要學會閉嘴，保持傾聽，然後適時回應對方的話。

世故型客戶，對他開門見山

曹雪芹有一副名聯：「世事洞明皆學問，人情練達即文章。」身處於這個講究人情的社會，一些商人都變成了「老油條」。這些「老油條」客戶會給業務人員帶來很大的壓力，一個不小心就會猜錯他們的心思，讓他們看不起，生意自然就談不成了。

在與這類客戶洽談的時候，往往會讓我們感覺找不到方向，抓不到頭緒，不明白他們究竟想說什麼。

在我們滿頭霧水、滿眼金星時，很容易被這些狡猾的「老狐狸」糊弄過去。

這些客戶做事很圓滑，面對我們的極力推銷，他們往往不正面回答我們的問題。即使我們磨破了嘴皮子，他們還是一副愛理不理、無動於衷的樣子，讓人恨得牙癢癢。

很多業務人員對此束手無策，覺得這些人比一座堅固的城堡還要難以攻破，認為他們太狡猾了，根本沒有突破的可能。於是，當筋疲力盡時，很多人覺得還是和他們說再見比較好。其實，這就是這類客戶對付我們的策略。

這種世故老練的客戶大多經歷了很多人生的風雨，是大風大浪裡闖過來的，為人難免圓滑一些。他們一般不輕易說話，即使說話，很多情況下也是口是心非，或是模棱兩可的回答，或是很不靠譜的說法。這樣的客戶往往是真正的高手。

面對這些使人摸不透的難纏的客戶，我們如何才能瞭解他們內心的真正想法呢？

很多業務人員都有這樣的感覺：這些世故老練的客戶看著我們的時候特別真誠，其實話語裡卻滿是戲謔。他們喜歡與我們逗著玩，因此我們基本上不用考慮他們話語裡有什麼決定性的東西。

在與他們交談時，與其跟他們兜圈子，不如開門見山、單刀直入，不給他們含糊其詞的機會。

如果我們與他們一樣，說話一直拐彎抹角，絕對是在浪費我們自己的時間，不但不能達成交易，甚至到最後我們連對方有什麼樣的需求都搞不清楚。

在開門見山的基礎上，我們還要多講講自己產品的特點，與其他同類產品相比的優勢是什麼，或者是這行將來的發展趨勢，這些實用性的資訊往往能更真切地打動他們的心。

請記得，這些人看重的是實實在在的利益，對自己沒用的東西絕對不會去買，對自己沒好處的東西也絕對不會去嘗試。

此外，既然我們不能從話語裡發現他們的「弱點」，不妨仔細觀察他們的肢體語言，有時候心理上的一些蛛絲馬跡往往能夠透過肢體表達出來。

當然，一個城府極深的人是會善於控制自己的身體狀態，因此也要小心對方利用自己的肢體語言給我們造成假象，故意引我們上鉤。

最後要注意的一點是，他們城府很深，所以在與他們談話時，我們最好不要不懂裝懂，真誠接話似乎更能贏得他們的好感。

惜時型客戶，為他節省交流時間

當今經濟不斷發展，人們對消費有了更多的選擇，也正因為如此，一些看似來去匆匆的惜時型客戶變得多了起來。很多業務人員看到這樣的客戶總會有種「抓狂」的感覺。不過，仔細分析一下也不難發現，在很多時候，我們的推銷之所以功虧一簣，原因就是沒有充分重視客戶的時間。

俗話說「時間就是金錢」，對於有錢人來說這句話更為恰當，因為對他們來說，合理安排時間才能創造巨大的財富。而這些有錢人又恰恰是最具購買力的人，是業務銷售人員主要的推銷對象。

面對這些惜時型客戶，我們首先要明瞭一點，那就是客戶的時間比我們的時間更加珍貴。他們忙起來的時候，甚至連聽我們講解幾分鐘的時間都沒有，即便能與我們說幾句話，也是來去匆匆。

由此可見，為了達成交易，我們必須重視客戶的時間，並盡力去瞭解他們的時間安排。

很多客戶整天忙著開會、見訪客、談業務……根本沒時間做其他的事。但是，他們必須要依賴我們提供的資訊，必須抽出時間來處理重要的洽商拜訪。這就需要我們在與他們談話時儘量為他們節省時間，贏得他們對我們的好感。

一位業務總監這樣說：「我最欣賞的是那些重視時間的人。我手下的業務人員都要像律師或醫生那樣，不但專業，還要懂得時間的珍貴。你要知道，醫生耽誤幾分鐘就會出人命啊。我的業務員決不能隨意耽誤客戶的時間，幾秒鐘都不行！」

的確，做為業務人員，我們要盡可能體諒這些來去匆匆型的客戶，能在十分鐘內完成的談話，儘量不要拖延到十五分鐘。

不重視客戶的時間對我們很不利。如果會經常犯這樣的錯誤，不妨戴著手錶，在與客戶交流時不時地看看，然後說：「我很抱歉，相信您對我們的產品已經有所瞭解了，我非常樂意為您介紹我們的商品，但是我還要趕赴下一個客戶那裡。今天拜訪您的唯一目的是和您見見面。至於一些細節問題，如果您有興趣，我可以再找時間完整地向您介紹，現在就不耽誤您寶貴的時間了！」

這段話的目的是什麼？直截了當地告訴我們的客戶時間緊迫，表明重視客戶的時間，也重視自己的時間。

這不但證明了我們自己的工作效率，也說明了自己的業務排程很繁忙。最後，熱心地與客戶約定會面時間，也能樹立我們的專業形象。

當我們再次走進客戶的辦公室時，相信對方再也不會以沒時間為理由來拒絕我們了，因為，我們已經向他證明——我們也是懂得「時間就是金錢」的人。

當然，第二次洽談的時間也要視推銷的商品而定。如果是辦公用品，可能只需要幾分鐘的時間，畢竟影印紙、釘書機這些文具涉及的金額比較小；如果是房地產生意，可能幾個小時都談不下來。行業不同，洽談的時間也不盡相同。

更有意思的是，與這些來去匆匆的客戶多接觸幾次，我們就會發現，這些整天嚷嚷著沒時間的客戶原來很「可愛」。通常，時間緊迫的人活得更充實，人生更豐富。

惜時型客戶十分重視時間的利用率，深知「時間就是金錢」。與他們交流時，我們最好直攻主題，抓住重點，抓住他們的注意力，為他們大大地節省時間。

只要我們能與他們建立起良好的互動關係，推銷業務也會慢慢地水到渠成。